SALUD NATURAL

El tratamiento de las migrañas
con la medicina natural

CÓMO ELIMINAR EL
DOLOR
DE CABEZA

EQUIPO DE REDACCIÓN DE LA REVISTA
CUERPOMENTE

Texto: equipo de la revista *Cuerpomente*.
Adaptación del libro "*Migräne natürlich behaldeln*",
de la terapeuta alemana Dra. Vera Rosival.
Edición: Silvia Senz.
Coordinación: Rodolfo Román.
Fotografías: archivo Oasis.
Cubierta: Josep Solà.
Fotocomposición: Pacmer.
Fotomecánica: Aura Digit.

Primera edición: abril 1997.
© 1997 Oasis, S. L.
c/ Taquígraf Garriga, 10 – 08014 Barcelona.
3002 6131 12/03
ISBN: 84-7901-236-6
Depósito legal: B-16.155-97
Impreso por Liberdúplex, S.L. - Barcelona.

Índice

Diferencias entre migraña y dolor de cabeza

Cuando decimos que tenemos dolor de cabeza no distinguimos siempre correctamente entre dolor de cabeza y migraña. Algunas personas llaman migraña a un ligero dolor de cabeza, mientras que otras consideran que su migraña no es más que un dolor de cabeza extremadamente fuerte.

El dolor de cabeza o cefalea consiste en un dolor espontáneo en la cabeza sin que exista una lesión externa. Suele producirse a causa de un cambio de presión en el encéfalo, aunque a menudo viene asociado a un deficiente riego sanguíneo de los vasos externos o internos de la cabeza, como puede darse en caso de problemas con las vértebras cervicales o de espasmos de la musculatura lisa de vasos. Las personas nerviosas y de carácter sensible son las que más tienden a sufrir estos espasmos. No obstante, hay otras causas orgánicas o mentales que dan lugar a un dolor de cabeza. De ellas hablaremos más adelante.

La migraña es un tipo de dolor de cabeza que sobreviene de improviso y que puede durar desde unas pocas horas a varios días. Por lo general, el dolor es unilateral y los síntomas concomitantes suelen consistir en alteraciones visuales, náuseas, vómitos y una hipersensibilidad de los órganos de los sentidos (que afecta principalmente a la vista). Es característico de la migraña un dolor punzante y persistente producido por el estrechamiento de los vasos sanguíneos de la cabeza. Con el tiempo la sangre se acumula en la cabeza, lo que aumenta la presión intracraneal. Una migraña puede anunciarse con cansancio o una sensación de frío y comportar trastornos circulatorios o incluso desmayos.

La migraña se divide en tres fases:

● Primera fase: antes de la migraña, la persona afectada puede encontrarse somnolienta, exhausta, sentir abulia o estar cansada, pero también pueden producirse reacciones contrarias: en este caso, la persona estará nerviosa, excitada e intranquila. Otros síntomas posibles son: alteración del apetito (hambre canina o desgana), aumento o disminución de la segregación de la saliva, diarrea o estreñimiento, disminución de la vista y de la audición o aumento de la sensibilidad ante olores, luz y ruido.

● Segunda fase: el dolor va apareciendo paulatinamente y se acentúa hasta casi ser insoportable, aunque también puede producirse repentinamente, como si se tratara de un acceso. El dolor de migraña suele ser unilateral y sólo en contadas ocasiones se extiende por toda la cabeza. Es un dolor sordo, taladrante y agudo. Puede acompañarse de vómitos, que a veces se dan después de comer. Con frecuencia se vomita bilis, una situación muy extenuante que comporta pérdida de líquido y de electrolitos. En este estado, el enfermo está pálido, tiene ojeras y se siente incapaz de concentrarse y de soportar el ruido o la luz intensa. Por ello, prefiere quedarse en una habitación tranquila y oscura. La duración de semejante crisis varía mucho –puede ser de unas horas o incluso de algunos días.

● Tercera fase: tras una crisis semejante, el paciente suele quedarse dormido. Por lo general, cuando despierta ya no siente molestia alguna.

Se desconoce el número exacto de personas que sufren crisis migrañosas, aunque se calcula que afecta entre un tres y un cinco por ciento de la población. No se puede saber con certeza si nos encontramos ante una migraña o un simple dolor de cabeza. Por ello, hablaremos en este libro casi siempre de su dolor de cabeza.

Resulta difícil descubrir las causas de un dolor de cabeza. Lo que se sabe es que su cuerpo le avisa mediante el dolor de que hay algo que no funciona bien en su organismo y que debería tomar medidas para ponerle remedio. Quien sepa interpretar los síntomas descubrirá que el cuerpo proporciona indicios sobre el origen del problema. El siguiente capítulo le ayudará a entenderlo.

Primeras indicaciones para el autotratamiento

Todos sabemos que el dolor de cabeza puede ser muy desagradable y molesto. Sin embargo, no todos los pacientes han podido disfrutar de la sensación de verse libres de este dolor. Para que su sufrimiento no se prolongue más allá de lo estrictamente necesario, deberá observar atentamente su propio organismo; de esta manera, reunirá una serie de indicios que le permitirán averiguar cuáles son las causas del dolor y cuál es el tratamiento más adecuado.

● Cuando tenga dolor de cabeza, pregúntese dónde, cuándo y cómo se manifiesta. Intente encontrar la respuesta más precisa; para ello, deberá estudiarse durante algún tiempo: cómo se podría describir el dolor, cuándo se manifiesta, haciendo qué movimientos, a qué horas y en qué situación.

La localización del dolor

Habiendo localizado el dolor de cabeza será fácil encontrar su posible causa. Buena parte de estos conocimientos se los debemos a la milenaria medicina china, cuyas precisas observaciones se encuentran compiladas en las normas de la Teoría de la Acupuntura (véase Acupresura, página 91). Según esta teoría, algunos «meridianos», que por lo general se representan como líneas sobre la piel, pasan por determinadas partes de la cabeza (véase gráfico página siguiente). En la práctica, uno puede imaginarse estos meridianos como los conductos por los que circula nuestra energía vital.

Los meridianos recorren el cuerpo en diferentes sentidos y se relacionan con determinados órganos. Cuando el flujo energético de un meridiano se altera, el órgano correspondiente de nuestro cuerpo puede debilitarse o enfermar, y es posible que sintamos dolor en algún lugar del recorrido del meridiano. A la inversa, puede decirse que la localización del dolor permite conocer las causas del mismo. En la superficie del organismo se encuentran muchos meridianos:

Cara: meridianos del estómago, de la bilis, de la vejiga, del intestino grueso, de las glándulas, del intestino delgado.

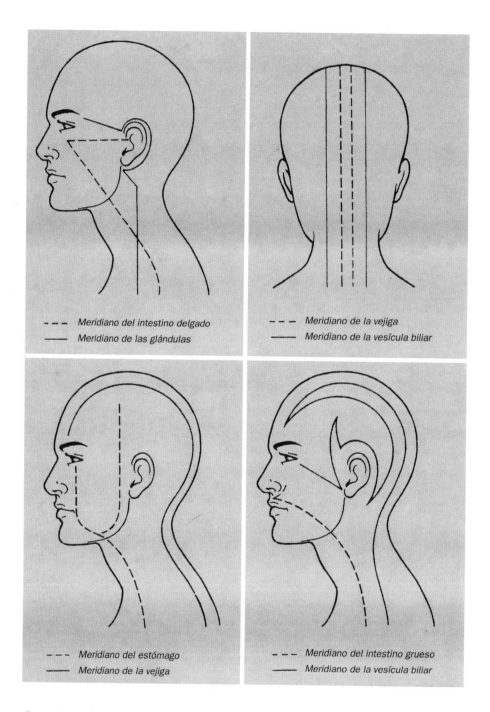

- - - Meridiano del intestino delgado
——— Meridiano de las glándulas

- - - Meridiano de la vejiga
——— Meridiano de la vesícula biliar

- - - Meridiano del estómago
——— Meridiano de la vejiga

- - - Meridiano del intestino grueso
——— Meridiano de la vesícula biliar

Recorrido de los meridianos de la cabeza.

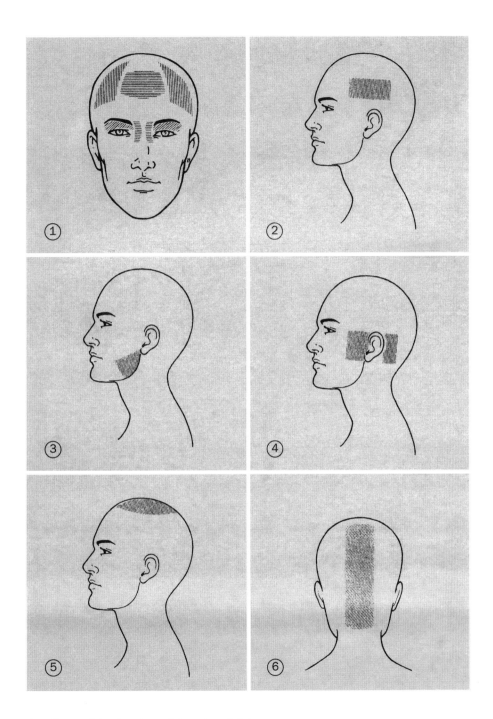

Localice su dolor de cabeza. Cómo descubrir las causas.

Delante a un lado: meridiano del intestino delgado, meridiano de las glándulas, meridiano de la vejiga.

Detrás: meridiano de la vejiga, meridiano de la vesícula biliar.

Lo primero que deberá hacer es localizar con precisión el dolor de cabeza. Se sorprenderá al descubrir la cantidad de posibilidades que existen. La relación de posibles localizaciones que reproducimos a continuación, la explicación de las causas más frecuentes y los gráficos de la página anterior le serán de ayuda.

Posibles localizaciones del dolor de cabeza

parte frontal	raíz nasal
cavidades orbitarias	eminencias frontales
arriba a un lado	abajo a un lado
centro a un lado	bóveda craneal
parieto-occipital	localización errática o variable
difusa	

Causas posibles del dolor

Dolor en la parte frontal (véase página anterior, gráfico 1)

Si el dolor se produce en la frente, sobre todo a los lados, la causa suele ser el meridiano de la bilis: es posible que se trate de algún trastorno biliar.

¿Qué hacer? Bilis (véase página 43).

Dolor en la parte anterior de la raíz nasal (véase página anterior, gráfico 1)

El dolor en la base nasal o cerca del nacimiento de las cejas está relacionado con el meridiano de la vejiga, que nace justo encima de la base nasal para recorrer la cabeza y bajar por la columna vertebral hasta los dedos pequeños del pie.

¿Qué hacer? Vejiga (véase página 41).

Dolor en las cavidades orbitarias (*véase página 11 gráfico 1*)

Si siente dolor en las cavidades orbitarias, la causa es el nervio trigémino (véase imagen página 32).

¿Qué hacer? Neuralgias (véase página 30).

Dolor en las eminencias frontales (*página 11, gráfico 1*)

Si el dolor se manifiesta en la parte lateral de la frente, puede decirse que el meridiano del estómago está afectado. Como este meridiano reacciona a menudo con erupciones cutáneas, puede producirse al mismo tiempo una erupción.

¿Qué hacer? Estómago (véase página 39).

Dolor arriba a un lado (*página 11, gráfico 2*)

Si el dolor se manifiesta en la región que se encuentra por encima de los pabellones auriculares, puede decirse que está afectado el meridiano de las glándulas.

¿Qué hacer? Glándulas (véase página 43).

Dolor abajo a un lado (*página 11, gráfico 3*)

Si su dolor de cabeza se localiza lateralmente, por debajo de las orejas, hay dos causas posibles: un trastorno del estómago (dolor en la parte más anterior y más baja) o una irritación del trigémino.

¿Qué hacer? Estómago (véase página 39); Neuralgias (véase página 30).

Dolor en el centro a un lado (*véase página 11, gráfico 4*)

Los dos meridianos de la vesícula biliar y de las glándulas internas atraviesan ambos lados de la cabeza. En un principio, todos los trastornos hormonales se manifiestan de esta manera. Si no consigue relacionar su dolor de cabeza con ninguno de los meridianos (véase figura página 10) y lo localiza cerca de las orejas, pero profundo o interno, puede deberse también a una infección de los órganos auditivos.

¿Qué hacer? Según el caso: Bilis (véase página 43); glándulas internas (véase Afecciones de mujeres, página 43) u Otitis media (véase página 45).

Dolor en la parte superior de la bóveda craneal (véase página 11, gráfico 5)

Imagínese dos líneas que van desde las orejas y la nariz subiendo hasta el punto más alto de su cabeza. Si su dolor de cabeza se encuentra en el punto de convergencia de las dos líneas, es posible que su causa sea psíquica.

¿Qué hacer? Trastornos psíquicos y nerviosos (véase página 31).

Dolor en la parte parieto-occipital (véase página 11, gráfico 6)

Cuando el dolor se produce en la parte posterior de la cabeza, debería ser muy cuidadoso al localizarlo. Si el dolor se encuentra aproximadamente a un centímetro de la línea central es posible que esté relacionado con el meridiano de la vejiga; pero si se encuentra más hacia un lado, en la parte occipital, es probable que el meridiano afectado sea el de la vesícula biliar.

¿Qué hacer? Dolor central: vejiga (véase página 41); dolor lateral: enfermedades biliares (véase página 43).

Dolor errático

Cuando el dolor va cambiando de localización rápidamente, por lo que resulta difícil determinar dónde se produce, la causa suele ser una infección vírica. El dolor de cabeza que se puede dar después de una gripe es un ejemplo típico.

¿Qué hacer? Enfermedades víricas (véase página 46).

Dolor difuso

El dolor difuso no hay que confundirlo con el dolor que va cambiando de localización, pues en el caso de éste se puede determinar la localización al menos en un momento determinado. El dolor de cabeza difuso tiene una localización imprecisa; a menudo es indefinible. Por norma general, es indicio de que existe algún trastorno intestinal o de que hay hongos en los intestinos.

¿Qué hacer? Intestino grueso (véase página 38); Hongos (véase página 47).

En caso de que haya podido localizar el dolor, habrá avanzado un buen trecho. No obstante, existen tipos de dolor de cabeza a las que no se pueden aplicar los métodos descritos; se suele tratar de los causados por el virus del herpes y por neuralgias de trigémino, que se pueden producir cerca de cualquier raíz nerviosa. Aunque los consejos anteriores le hayan ayudado a encontrar algunos indicios sobre su dolor de cabeza, debería también comprobar los puntos que hacen referencia al momento en que aparece el dolor de cabeza y la clase de dolor de que se trata. Sólo cuando haya reunido todos los indicios puede valorar correctamente las causas de su dolor de cabeza.

El momento en que se produce el dolor

Muchos de los tipos de cefaleas no se manifiestan ininterrumpidamente, sino que se producen con cierta regularidad en determinadas situaciones, como cada mes antes de la menstruación, después de comer o a primeras horas de la mañana, entre las cinco y las siete. El momento en que se produce el dolor de cabeza permite conocer aspectos importantes sobre el origen del trastorno.

La situación más clara se da cuando la persona es alérgica a algunos alimentos y el dolor de cabeza se produce después de comer, es decir, tras ingerir los alérgenos. También resulta claro el caso del dolor de cabeza que se produce cada mes, coincidiendo con la menstruación. Así, conociendo la relación entre la hora y los órganos que llegan a su grado de actividad máxima a una hora determinada, también resultará comprensible el dolor de cabeza que aparece regularmente a la misma hora cada día. Estas relaciones se conocen desde hace mucho tiempo, pues la antigua medicina china ya utilizaba estos conocimientos para establecer sus diagnósticos. De ahí nos viene el «reloj chino de los órganos» (véase figura en página siguiente).

Por medio de la siguiente relación podrá observarse y descubrir la regularidad de su dolor de cabeza.

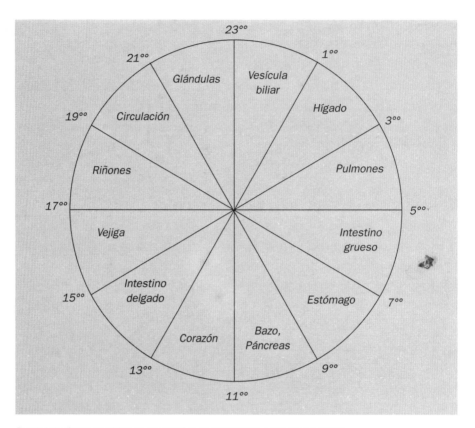

El rejol de órganos chino le ayudará a descubrir las causas del dolor.

Momento en que se produce el dolor de cabeza

antes de comer

después de comer

entre la 1:00 y las 3:00
entre las 5:00 y las 7:00
entre las 9:00 y las 11:00
entre las 13:00 y las 15:00
entre las 17:00 y las 19:00
entre las 21:00 y las 23:00

ingiriendo determinadas
sustancias
antes o durante
la menstruación
entre las 3:00 y las 5:00
entre las 7:00 y las 9:00
entre las 11:00 y las 13:00
entre las 15:00 y las 17:00
entre las 19:00 y las 21:00
entre las 23:00 y la 1:00

Posibles causas del dolor

Dolor de cabeza antes de comer

Cuando el dolor de cabeza aparece poco antes de comer es posible que su causa sea un exceso de ácidos en el estómago. El exceso de producción de ácido gástrico se manifiesta también como ardor de estómago o eructos ácidos.

¿Qué hacer? Estómago (véase página 39).

Dolor de cabeza después de ingerir determinadas sustancias

La intolerancia a ciertos componentes de una comida se manifiesta con dolor de cabeza.

¿Qué hacer? Alergias (véase página 25).

Dolor de cabeza después de comer

En ocasiones, el dolor de cabeza puede producirse después de comer alimentos que la persona no tolera. Cuando los síntomas concomitantes son vómitos, una sensación de presión en el estómago o temblor es posible que se trate de una alergia alimenticia.

¿Qué hacer? Alergias (véase página 25).

Dolor de cabeza antes o durante la menstruación

El dolor de cabeza que siempre se produce antes o durante la menstruación indica que existe algún tipo de trastorno hormonal. Este trastorno puede deberse a los ovarios, que producen gran cantidad de hormonas, a las cápsulas suprarrenales o la glándula de control superior, la hipófisis.

¿Qué hacer? Trastornos de la mujer (véase página 26).

Dolor de cabeza a horas determinadas

Cuando el dolor de cabeza se manifiesta diariamente a la misma hora será más fácil determinar su origen. Si se despierta repetidamente a una hora determinada o si el dolor se manifiesta siempre a la misma hora, es probable que esté afectado el órgano que en este momento se encuentra trabajando al máximo.

¿Qué hacer? Según la hora, estudie el apartado dedicado al órgano correspondiente:

1:00 a 3:00: hígado (véase página 37)
3:00 a 5:00: pulmones (véase página 38)
5:00 a 7:00: intestino grueso (véase página 38)
7:00 a 9:00: estómago (véase página 39)
9:00 a 11:00: bazo y páncreas (véase página 40)
11:00 a 13:00: corazón (véase página 40)
13:00 a 15:00: intestino delgado (véase página 40)
15:00 a 17:00: vejiga (véase página 41)
17:00 a 19:00: riñones (véase página 41)
19:00 a 21:00: circulación (véase página 42)
21:00 a 23:00: glándulas (véase página 43)
23:00 a 1:00: vesícula biliar (véase página 43)
Sexualidad (véase página 33)

Tipos de cefaleas

Por lo general, uno sólo conoce un tipo de dolor, pues se tiende a definir cualquier carga o sensación desagradable como dolor. No resulta extraño, pues, que nos encontremos con dificultades a la hora de describir con mayor precisión una clase de dolor determinado. Pero no hay que olvidar que el tipo de dolor de cabeza está estrechamente relacionado con la forma en que se produce desde un punto de vista meramente mecánico.

Aunque no sea fácil, conviene que también en este caso se intente distinguir con precisión para relacionar las posibles causas.

Tipos dolor de cabeza

constrictivo o espasmódico	presivo
congestivo	sordo
agudo	errático
tironeante	punzante
taladrante	pulsátil
tensional	difuso

Posibles causas del dolor

Dolor de cabeza constrictivo

Por lo general, está causado por el estrés, que siempre va parejo con una mayor secreción de adrenalina en las suprarrenales. Por este motivo se reduce el diámetro de los vasos sanguíneos, provocando dolor de cabeza en las personas más sensibles.

¿Qué hacer? Dolor de cabeza causado por el estrés (véase página 31).

Dolor de cabeza presivo

Cuando se tiene dolor de cabeza presivo hay la sensación de que la cabeza está a punto de explotar. Al mismo tiempo se acumula sangre en la cabeza, con lo que ésta adquiere un tono más oscuro. Esta clase de dolor indica que la presión sanguínea es demasiado alta y que los vasos no son lo suficientemente elásticos, aunque en ocasiones puede deberse también a la presencia de hongos en los intestinos.

¿Qué hacer? Intestino grueso (véase página 38); Circulación sanguínea (véase página 42); Hongos (véase página 47).

Cefalea congestiva

Si tiene sensación de congestión mientras padece el dolor de cabeza es posible que el origen sea una acumulación de líquido linfático. Este tipo suele darse después de una gripe, un resfriado o un estado febril.

¿Qué hacer? Mire en el apartado dedicado a la acumulación de líquidos linfáticos (véase página 47).

Dolor de cabeza sordo

Un dolor sordo o cierto mareo en la cabeza puede deberse a una presión sanguínea demasiado baja. Cuando la presión de la sangre es baja, los vasos se dilatan, con lo que se reduce cada vez más el riego sanguíneo y la oxigenación del cerebro. Esto no sólo da lugar a una cierta sensación de mareo, sino que puede provocar también un desmayo o un colapso. Una sensación parecida se da cuando los vasos se dilatan a causa de una alergia debido a la secreción de histamina, que también disminuye la presión sanguínea (hipotensión).

¿Qué hacer? Infórmese detenidamente sobre la circulación sanguínea (véase página 42); Alergias (véase página 25).

Dolor de cabeza agudo

Con frecuencia se trata de una enfermedad vírica (una gripe, por ejemplo) que se manifiesta con los síntomas habituales: fiebre y una sensación como si la cabeza le pesara mucho. No obstante, puede ocurrir que se trate de enfermedades transmitidas por animales, como es el caso de la toxoplasmosis, la listeriosis y el muermo.

¿Qué hacer? Si no se tratara de una gripe (véase enfermedades infecciosas, página 45), tiene que acudir al médico para que realice un análisis de sangre. Únicamente de esta manera podrá saber usted y el médico cuál es el origen del problema.

Dolor de cabeza errático

En este tipo de cefalea el dolor no permanece en un lugar determinado, por lo que resulta difícil saber cuál es su causa. El origen pueden ser virus de diverso tipo, como el de la gripe, que dan lugar a enfermedades leves (resfriados, por ejemplo), pero también graves (meningitis con parálisis parcial).

¿Qué hacer? Enfermedades víricas (véase página 46).

Dolor de cabeza tironeante

Son síntomas concomitantes típicos de la acción de los virus del herpes; en la cabeza se presentan en su mayoría herpes zoster. Los virus muestran una preferencia extraña por el sistema nervioso y suelen propagarse a lo largo de una raíz nerviosa. Esta dolorosa enfermedad suele acompañarse de la aparición de vesículas en la piel, aunque también puede desarrollarse por debajo de su superficie. Cuando uno se observa detenidamente durante algún tiempo, verá que el dolor se va desplazando lentamente en una dirección. Aun después de perder su intensidad el herpes, el dolor puede persistir.

¿Qué hacer? Enfermedades víricas (véase página 46); Neuralgias (véase página 30).

Dolor de cabeza punzante

El dolor de cabeza punzante indica que el meridiano correspondiente sufre un exceso de energía, es decir, que ésta se ha ido acumulando. Si no se trata de un problema que aparece después de mantener relaciones sexuales, tiene que acudir a un terapeuta, la única persona capaz de establecer un diagnóstico correcto y de iniciar el tratamiento adecuado.

¿Qué hacer? Si el problema se manifiesta después de tener relaciones sexuales: Amor y dolor de cabeza (véase página 33). De lo contrario, tiene que acudir a un experto en terapia neural y acupuntura (véase Direcciones útiles, página 97).

Dolor de cabeza taladrante

Este tipo de dolor de cabeza suele manifestarse cuando la persona ha sufrido una herida, como puede ser el caso de una conmoción cerebral causada por una caída o un accidente durante la práctica de algún deporte.

¿Qué hacer? Si ha sufrido un accidente, siempre deberá dejarse reconocer por un médico. Es posible iniciar un tratamiento homeopático adicional (véase Dolor de cabeza causado por lesiones, página 76).

Dolor de cabeza pulsátil

En casos de sensibilidad a los cambios climáticos, causada por cambios bruscos de la presión atmosférica, puede producirse este tipo de dolor de cabeza. Lo caracterizan los respiros que otorga a la persona a intervalos regulares. Se puede producir también cuando el acto sexual se realiza bajo condiciones estresantes.

¿Qué hacer? Sensibilidad a los cambios climáticos (véase página 53); Amor y dolor de cabeza (véase página 33).

Dolor de cabeza tensional

Este tipo de dolor de cabeza de origen psíquico puede afectar a todas las personas que realizan labores intelectuales durante demasiado tiempo. Un esfuerzo largo, sobre todo cuando está relacionado con una postura inadecuada, hace que los músculos de la parte superior de la espalda se tensen hasta el punto de dar lugar a una miogelosis que ejerce a su vez presión sobre los nervios de la cabeza. Lo mismo puede ocurrir en un estado de nerviosismo acentuado.

¿Qué hacer? Trastornos psíquicos y nerviosos (véase página 31).

Dolor de cabeza difuso

La clasificación de este tipo de dolor de cabeza resulta sumamente difícil. El origen probable de este tipo tan frecuente suele ser un trastorno intestinal, que se puede reconocer fácilmente por sus síntomas concomitantes: estreñimiento o diarrea según los casos. El trastorno intestinal puede deberse, por ejemplo, al crecimiento de bacterias ajenas a la flora intestinal (disbacteriosis).

¿Qué hacer? En caso de trastornos intestinales: intestino grueso (véase página 38); si tiene dudas, acuda al médico o hable con un terapeuta para aclarar cuál es la causa exacta.

¿No se ha solucionado nada?

Si no ha descubierto una sola causa, incluso después de intentarlo reiteradamente, o no puede decidirse por ninguna de las posibles causas que baraja, no debería preocuparse, pues la autoobservación sólo permite descubrir algunos de los orígenes o etiologías posibles. La información que habrá obtenido con el método anterior no es más que un indicio que debe ser comprobado posteriormente.

Causas y terapias recomendadas

En este capítulo hablaremos de las diversas causas de enfermedad que pueden dar lugar a un dolor de cabeza. Antes de seguir leyendo, debería haberse autoobservado para saber de qué tipo de dolor de cabeza se trata y dónde y cuándo se produce, pues así ya dispondrá de algunos indicios sobre las posibles causas del problema (véase Primeros indicios mediante la autoobservación, página 9). De esta forma, podrá comprobar por usted mismo si los indicios responden a la realidad. Si ve reflejado su estado de salud en una de las descripciones que se reproducen a continuación, conviene que siga las recomendaciones correspondientes.

Tenga en cuenta las indicaciones que hacen referencia a aquellas causas de enfermedad que requieren la ayuda de un médico para despejar posibles dudas o aquellas que hacen referencia a un tratamiento bajo observación médica. Únicamente cuando sepa con certeza que no existe riesgo posible podrá tratar usted mismo su dolor de cabeza siguiendo las recomendaciones de este libro.

¿Cómo se produce el dolor en la cabeza?

Nuestra cabeza se compone básicamente de una esfera ósea dura y cerrada en cuyo interior se encuentran vasos sanguíneos, meninges y nervios, además del cerebro. Por lo general, el dolor de cabeza se debe a un cambio de la presión del líquido cefalorraquídeo que ocupa el interior del cráneo (aumento o reducción de la presión, causado, por ejemplo, por una alteración en el flujo de los líquidos), haciéndose sentir como una presión o incluso como dolor.

No obstante, sólo algunas estructuras intracraneales son sensibles ante el dolor. Se trata, concretamente, de algunas partes de la meninge, las arterias de la base encefálica, los grandes vasos sanguíneos de la meninge y los nervios encefálicos sensibles. La masa encefálica, las meninges blandas y los vasos sanguíneos menores no son sensibles ante el dolor. El dolor de cabeza se produce cuando los órganos sensibles quedan expuestos a diversas acciones más o menos violentas, como el estiramiento, la presión, la inflamación o incluso una herida.

Como es natural, los nervios, los vasos y los músculos que se encuentran fuera del cráneo, como es el cuero cabelludo, también son sensibles ante el dolor y pueden ser los responsables de esa sensación.

Según los principios teóricos de la acupuntura, el bloqueo o el exceso de energía de uno o varios meridianos hace que se produzca un dolor de cabeza. Estas alteraciones del flujo energético los causan órganos enfermos o debilitados del interior del organismo. Desde este punto de vista, la función del dolor de cabeza consistiría en señalar la existencia de esta enfermedad y conseguir igualmente mediante el dolor que el cuerpo encuentre el reposo que precisa.

El papel de los factores hereditarios

En algunos casos, la aparición frecuente de dolor de cabeza puede deberse también a una serie de factores hereditarios. Esto no quiere decir, necesariamente, que se trate de una enfermedad hereditaria, pero es posible que se transmitan sustancias nocivas a través del óvulo de la madre que posteriormente pueden tener efectos negativos para la vida del hijo. Se cree que toda persona ha quedado expuesta a estos factores hereditarios, pero los casos en que se llegan a manifestar claramente son pocos. Si estos factores afectan, por ejemplo, a los vasos sanguíneos, el resultado puede ser una falta de elasticidad, la aparición de varices, una tendencia hacia la trombosis o una presión sanguínea superior a la normal. Estas alteraciones, que son motivo de una mayor concentración de sangre en la cabeza, pueden entonces producir dolor de cabeza. De esta manera, un factor hereditario puede ser, indirectamente, la causa de una migraña.

● Terapia recomendada: para un tratamiento de fondo conviene iniciar una terapia con nosodes. Sin embargo, esta terapia, que permite neutralizar ciertos factores hereditarios y eliminar así la causa de la migraña, la debe llevar a cabo un terapeuta (véase Direcciones útiles, página 97).

Trastornos del metabolismo

En nuestro cuerpo se desarrollan constantemente una serie de procesos bioquímicos; independientemente de lo que estamos haciendo en cada momento, el organismo trabaja para extraer energía de las sustancias alimenticias, formar o destruir células y eliminar las sustancias nocivas que ha asimilado. El conjunto de estos procesos se define como «metabolismo».

Por lo general, todos los procesos metabólicos funcionan de manera que no se interfieren mutuamente, dando lugar a un equilibrio constante. Pero de la misma forma que el ser humano destruye el medio ambiente con una serie de productos químicos cada vez más peligrosos, también destruye el equilibrio de las reacciones bioquímicas del metabolismo mediante una alimentación y una medicación inadecuadas y un innecesario aporte de hormonas. A todo ello, nuestro cuerpo responde con numerosas enfermedades que no sólo se manifiestan a nivel físico, sino también psíquico.

Alergias

Las alergias –ya se trate de fiebre del heno o de alergias alimenticias o animales– se deben a un trastorno de los procesos metabólicos. La causa concreta, como puede ser el polen o los pelos de un animal, no constituye, en definitiva, el aspecto más importante. De hecho, puede decirse que el trastorno metabólico no implica más que una predisposición a las alergias. Solamente personas con esta predisposición pueden ser alérgicas.

Cuando una alergia empieza a manifestarse, se produce un aumento de producción de histamina, una sustancia mensajera o mediador químico que se encuentra en los tejidos.

Determinadas células de la piel, los músculos y los pulmones son capaces de elaborar histamina. Cuando se produce una lesión de algún tejido (como puede ocurrir en el caso de una herida o una infección), esta sustancia se encarga de transportar rápidamente los glóbulos blancos (células inmunes) al lugar de los hechos, donde podrán eliminar las células muertas y los agentes nocivos. Para conseguirlo, la histamina dilata las paredes de los vasos sanguíneos, incluso de los más finos (capilares), con lo que son transitables para las células de defensa.

Como la histamina hace aumentar la circulación sanguínea localmente, la piel cambia ligeramente de color. Al mismo tiempo, los vasos sanguíneos cerebrales se dilatan, con lo que se reduce la presión de la sangre y el aporte de oxígeno. Así es cómo una alergia puede provocar también dolor de cabeza.

Existe una alergia alimenticia en la que el dolor aparece poco después de consumir un alimento determinado, como puede ser el cacao y los alimentos elaborados con él. Estos alimentos contienen tiramina (una amina biológicamente activa) que no es tolerada por algunas personas.

Si viera que éste es su caso, debe tener en cuenta que su metabolismo, al igual que el de todas las personas alérgicas, no se encuentra en un equilibrio perfecto.

Desde el punto de vista de la medicina natural se tienen menos en cuenta los agentes que provocan la alergia que las verdaderas causas profundas de la misma. Si se consiguen eliminar estas causas, la persona no reaccionará de forma tan sensible ante los diversos agentes, como son el polen, los pelos animales o algunos alimentos.

● *Terapia recomendada*: Puesto que las alergias se deben básicamente a un trastorno metabólico, hay que consultar a un terapeuta para saber qué tratamiento se debe seguir. La homeopatía y, sobre todo, la regulación bioquímico-homeopática del metabolismo (véase Direcciones útiles, página 97) ofrecen una serie de tratamientos bastante efectivos. No obstante, en un principio incluso los tratamientos naturales de las alergias le obligarán a reducir el contacto con los alérgenos y a seguir una pequeña dieta.

Trastornos de la mujer

Las hormonas son sustancias mensajeras producidas por glándulas internas (endocrinas), que pasan a través de la sangre a los diversos órganos para poder controlar el funcionamiento de las células. Al igual que el sistema nervioso, el sistema hormonal sirve para transmitir información. Sin embargo, mientras que los nervios se encargan de la transmisión rápida, las hormonas se ocupan del control, que es más lento, pero a la vez más duradero. Las hormonas controlan, por ejemplo, los niveles de azúcar en la sangre, además del estrés, el crecimiento del organismo y la sexualidad.

El dolor de cabeza causado por un trastorno hormonal sólo lo padecen las mujeres, ya que está en función del equilibrio entre estrógenos (hormonas sexuales femeninas) y progesterona. Por lo general, el nivel de progesterona aumenta durante el ciclo menstrual o el embarazo. Si el organismo no produce una cantidad suficiente de esta hormona, puede producirse un ataque de migraña.

● *Terapia recomendada*: Si está embarazada, deje que sea un terapeuta quien se encargue del tratamiento. En otros casos puede autotratarse con homeopatía (véase Trastornos de la menstruación, página 74; Menopausia, página 74).

Alteraciones del nivel de azúcar en la sangre

Para funcionar correctamente, las células de nuestro organismo necesitan, además de oxígeno, otras sustancias ricas en energía, que reciben en forma de glucosa por medio de la corriente sanguínea. Dependiendo de que se tenga hambre o se haya terminado de comer hace poco, el nivel de azúcar en la sangre baja o sube. En algunos casos, la más mínima variación del nivel de azúcar en la sangre tiene efectos desagradables, pues puede provocar dolor de cabeza y temblores.

Estas subidas y bajadas son más frecuentes en las personas diabéticas. Sin embargo, la verdadera causa profunda es un malfuncionamiento del páncreas. Aun cuando esta glándula suela ocuparse casi exclusivamente de la digestión de proteínas, controla también el nivel de azúcar del organismo, evitando subidas y bajadas demasiado drásticas. Si usted no es diabético, pero tiene temblores y dolor de cabeza después de no comer desde hace algún tiempo, realizando asimismo labores físicas pesadas, es posible que se le haya reducido considerablemente el nivel de azúcar en la sangre. Lo mismo ocurre cuando se somete a un ayuno prolongado.

● *Terapia recomendada*: Si el dolor de cabeza se debe al hecho de haber trabajado demasiado sin comer, puede remediarlo fácilmente tomando un trozo de pan o un terrón de azúcar. La fécula del pan se convierte en azúcar durante la digestión. Si toma un poco de glucosa, los resultados se producirán antes aún.

Para el tratamiento de la diabetes debe consultar con un médico, quien le restablecerá su nivel de azúcar normal con insulina. Además, puede realizar una terapia homeopática secundaria (véase Alteraciones del nivel de azúcar en la sangre, página 69).

Secuelas producidas por vacunas

Ocurre con cierta frecuencia que determinadas vacunas tienen efectos secundarios que no siempre se manifiestan de inmediato, y que tampoco afectan a todas las personas o a cualquier edad. Por ello resulta tan difícil descubrir que la causa se debe a una vacuna. La persona inexperta sólo descubrirá esta causa si las molestias se producen poco después de la vacunación. En este caso, suelen darse dolores de cabeza, vómitos o fiebre. Después de una vacunación preventiva de la viruela, por ejemplo, se observan muchos casos de dolor de cabeza.

Por lo general, habría que tener reservas ante las vacunaciones, pues si se realizan en un momento de debilidad extrema del organismo (causada, por ejemplo, por un trastorno metabólico), pueden dejar secuelas irreparables. Algunos casos de dolor de cabeza o migraña crónicos se deben a estas vacunaciones.

● *Terapia recomendada*: Si el dolor de cabeza se manifiesta en las tres semanas posteriores a la vacunación debería consultar a un terapeuta experto en terapia de nosodes o en la regulación bioquímico-homeopática del metabolismo (véase Direcciones útiles, página 97).

Trastornos del equilibrio electrolítico

Sustancias minerales son todas aquellas sustancias que contienen los alimentos que no han sido elaborados por seres vivos, sino que tienen origen mineral. Son muy importantes para el ser humano, pues participan de casi todos los procesos metabólicos: intervienen en las funciones de las células nerviosas y ayudan a conservar un nivel óptimo de pH. Todas las sustancias minerales en nuestro organismo mantienen un equilibrio que, en parte, regulan entre sí. De esta manera, un exceso de sustancias minerales en una parte determinada del cuerpo puede desplazar a las demás, con lo que se daría lugar a un desequilibrio o también a un trastorno.

Cuando, por ejemplo, el organismo asimila demasiado sodio o sal común (componente de algunas sustancias conservantes o medicamentos), se desplazan el calcio y el potasio, con lo que reinará un exceso de ácidos en el organismo. La consecuencia de ello pueden ser alergias alimenticias que, a su vez, darán lugar a dolores de cabeza.

El magnesio, otra sustancia mineral, también juega un papel importante en la aparición del dolor de cabeza o de la migraña. La falta de magnesio puede provocar espasmos musculares como aquellos que se manifiestan al mismo tiempo que determinados tipos de dolor de cabeza.

● *Terapia recomendada*: En primer lugar, hay que averiguar si tiene problemas con un exceso de ácidos (véase Adiós a la acidez, página 60). Si fuera éste el caso, puede eliminar las causas del dolor de cabeza mediante el proceso de regulación de pH que se recomienda en este apartado. Esta terapia también estará indicada cuando tiene problemas alérgicos.

Exceso de acidez en el organismo

Nuestro cuerpo necesita constantemente aportes desde el exterior: son las sustancias alimenticias. Entre las tres sustancias alimenticias básicas, a saber, los carbohidratos, las grasas y las proteínas, esta última juega un papel fundamental. Desde un punto de vista químico, las proteínas se componen de largas cadenas de aminoácidos entrelazados. Algunos aminoácidos pueden ser elaborados por el propio organismo, pero otros no, por lo que se denominan aminoácidos esenciales. Nuestro organismo tiene que asimilarlos en forma de proteínas junto con los alimentos. Durante el proceso de digestión, las enzimas del páncreas se ocupan de descomponer las proteínas en sus componentes básicos, los aminoácidos. Luego, estos aminoácidos pueden pasar a través de la pared intestinal y entrar en la sangre.

Hay diversos factores que controlan este proceso. Uno de ellos es el grado de acidez (valor pH) del ambiente intestinal, pues las enzimas precisan de un grado de acidez determinado para poder trabajar, al igual que los aminoácidos lo necesitan para poder formarse. El grado de acidez óptimo para cada caso se denomina también *óptimo de pH*. Cuando el valor pH del intestino se aleja del óptimo, puede acentuarse el ambiente ácido (acidosis) o el alcalino (alcalosis).

Una alteración del valor pH tiene efectos desastrosos sobre el aprovechamiento de las proteínas de los alimentos: algunas enzimas echan en falta un ambiente óptimo y, para decirlo de forma simplificada, se niegan a trabajar. A resultas de ello, las proteínas no llegan a liberar siquiera algunos de los aminoácidos esenciales, de los que el organismo no podrá disponer para crear sus propias proteínas.

Entre las proteínas elaboradas por el organismo figuran también los neurotransmisores, que actúan como mensajeros químicos entre las células nerviosas. La carencia de determinados aminoácidos esenciales es la causa probable de que estas proteínas no se elaboren correctamente, lo cual puede dar lugar a dolores de cabeza. En caso de migraña se ha observado, por ejemplo, que el aminoácido serotonina se encuentra bajo mínimos. Y es posible también que la carencia de algunos aminoácidos sea la causa de depresiones e incluso psicosis.

● *Terapia recomendada*: En primer lugar, determine cuál es el valor de pH de su saliva (véase Adiós a la acidez, página 60). Si el valor fuera inferior a 7, tiene que proceder a regularlo. Un tratamiento secundario puede consistir en reorganizar su forma de vida (véase página 81), seguir una pequeña dieta (véase página 83) y eliminar chakras y bloqueos (véase página 84).

Neuralgias

Neuralgias son dolores inespecíficos que se deben a la irritación de un nervio determinado. Una neuralgia especialmente desagradable es la del trigémino. El nervio trigémino pasa por toda la cara (véase el gráfico de la página 33), y su excesiva irritación produce dolor de cabeza.

Una causa frecuente de neuralgias es una corriente de aire frío, un resfriado, pero también un ataque vírico (véase página 46). Si la neuralgia fuera grave, pueden producirse espasmos oculares que vienen acompañados de fuertes dolores (blefaroespasmos).

● *Terapia recomendada*: Consulte a un terapeuta para estar seguro de que no se trata de enfermedades graves, como la que provocan los virus Coxsackie, por ejemplo. Puede solucionar el problema con terapia neural u homeopatía. Por su parte, usted puede seguir el método de las flores de Bach (véase página 77) y practicar yoga (véase página 64).

Trastornos psíquicos y nerviosos

Resulta imposible diferenciar claramente entre trastornos psíquicos y nerviosos y síntomas físicos, pues al igual que éstos, los procesos psíquicos dependen también del metabolismo. Y al contrario: un mal estado psíquico tendrá efectos negativos sobre el metabolismo. Como resultaría casi imposible reproducir estos trastornos en un laboratorio, suele decirse a menudo que se trata de «imaginaciones». Pero suelen ser precisamente las personas con trastornos psíquicos las que también sufren dolores extremadamente fuertes –entre los que se encuentran los dolores de cabeza y las migrañas.

Dolor de cabeza causado por el estrés

Aunque la palabra estrés se utilice muy a menudo y se le eche la culpa de casi todo lo imaginable, no puede ser más indicada en nuestro caso. Las excesivas cargas psíquicas y mentales transforman nuestras impresiones, que por lo general son agradables (eustrés), en distrés, variante desagradable del estrés que causa muchas enfermedades. En estado de distrés, el sistema nervioso se pone en estado de alerta y la adrenalina (la hormona del estrés) proveniente de las cápsulas suprarrenales bloquea, con la constricción de los vasos, los procesos encefálicos que dan lugar al pensamiento.

Esta constricción de los vasos resulta fatal para el hombre moderno. Incapaz de reducir el efecto del aumento del riego sanguíneo mediante el ejercicio, la sangre se acumula en el cerebro, dando lugar al dolor de cabeza.

El dolor de cabeza causado por el estrés es el «dolor de cabeza del futuro». En nuestra cultura, cada vez lo padecen más personas, incluso niños. Después de haberse pasado muchas horas agotadoras en la escuela vuelven a casa, pero allí no les espera el merecido descanso, sino el denominado dolor de cabeza escolar, que no les abandona tampoco cuando hacen los deberes. Los resultados conseguidos en estas condiciones laborales son, a su vez, causa del estrés y del dolor de cabeza del día siguiente. Algo similar les ocurre a las personas que se dedican toda la semana a una intensa labor intelectual. Cuando quieren descansar, les ataca una terrible migraña de fin de semana. Ni siquiera la vida amorosa puede librarse de ello (véase El amor y el dolor de cabeza, página siguiente).

● *Terapia recomendada*: utilice la Meditación (véase página 65), el Yoga (véase página 64), los aceites esenciales (véase Aromaterapia, página 87) y la Apertura de los chakras (véase página 84). Para iniciar el autotratamiento, se recomiendan remedios homeopáticos (véase Dolor de cabeza de relajación, página 70) o las Flores de Bach (véase En caso de estrés, página 79).

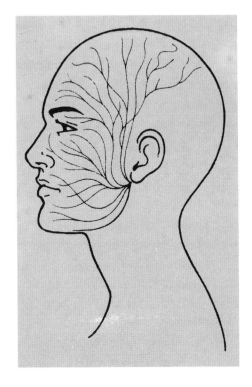

El nervio trigémico con sus fibras nerviosas.

Histeria

Casi todos hemos pasado alguna vez por un estado de histeria. Cuando los problemas se acumulan, es posible que uno se excite hasta el punto de temblar internamente y empezar a gritar. Si esta histeria se desplaza al interior, todo el cuerpo sufrirá bajo la tensión y puede aparecer una migraña.

● *Terapia recomendada*: Autotratamiento homeopático (véase Ataques de histeria, página 72); en caso de shock: Flores de Bach (véase Shock, página 79).

Pensamientos obsesivos

Cuando una persona se obsesiona demasiado con algo, puede producirse la siguiente situación característica: el pensamiento gira constantemente en torno al mismo problema, que parece hacerse insoluble. Al mismo tiempo, el cuerpo se tensa cada vez más y puede fácilmente aparecer un dolor de cabeza. La tristeza, el miedo o un temor pueden ser las causas inmediatas.

● *Terapia recomendada*: Cambie de forma de vida (véase página 81), practique la Meditación (véase página 65), inicie una Aromaterapia o una terapia de colores (véanse páginas 88 a 91).

Las depresiones

Las depresiones se deben a un serio trastorno metabólico que en ocasiones puede ir acompañado de dolor de cabeza persistente; en este caso, hay que recurrir a un tratamiento especializado. Los resultados de la terapia pueden ser excelentes si se regula el funcionamiento del metabolismo.

● *Terapia recomendada*: Regulación bioquímico-homeopática del metabolismo realizada por un terapeuta (véase Direcciones útiles, página 97). La regulación del valor pH (véase Adiós a la acidez, página 60) y las Flores de Bach (véase página 77) constituyen un excelente tratamiento secundario para estos casos que puede realizar usted mismo.

El amor y el dolor de cabeza

La sexualidad sólo nos hace felices en tanto que es la manifestación de la armonía entre fuerzas naturales (terrenales y cósmicas). Únicamente puede existir allí donde la energía del Yin (el principio femenino, la tierra) se encuentra en equilibrio con la energía del Yang (el principio masculino, el cosmos). Cuando en la sexualidad confluyen amor y armonía, y cuando la energía de la pareja se encuentra en equilibrio, se abren en el momento culminante todas las vías energéticas del cuerpo (meridianos y chakras) para que la energía pueda fluir libremente.

Pero no todo el mundo sabe dar y recibir amor. A menudo se interponen la educación o las experiencias negativas, que se han manifestado como bloqueos. Estos bloqueos pueden tener naturaleza psíquica (véase Bloqueos, página 56) o física (bloqueos de chakras y meridianos). Cuando está bloqueada el cuarto chakra, por ejemplo, resulta imposible exteriorizar el propio amor. Este suele ser el caso de los padres que no manifiestan el amor que sienten por sus hijos. En el campo del amor en pareja, resulta muy importante el segundo chakra, pues está relacionada con la sexualidad.

Bloqueos de los meridianos

En nuestra sociedad, al sexo se le da con frecuencia un tratamiento similar al de un artículo de consumo. Se nos incita a *conquistar* –sinónimo de adquirir– nuevas relaciones. Tener un vestido, un coche o una relación sexual nueva: todo viene a ser lo mismo, independientemente de que se tenga pareja fija o no. Practicando este tipo de sexualidad, sólo se utiliza el primer chakra, la que se encarga de los instintos. En las relaciones sexuales fugaces con parejas cambiantes, falta armonía y amor; ambas personas siguen insatisfechas en un sentido integral, mientras que las energías no se han podido liberar y los chakras siguen bloqueadas.

En el amor, la mujer suele transferir energía Yang al hombre, con lo que refuerza la masculinidad de su pareja. Si un bloqueo impidiera esta transferencia energética –cosa que puede ocurrir si la pareja no es la adecuada–, los meridianos Yang de la mujer se llenan demasiado. Suelen ser los meridianos Yang más largos (vesícula biliar y vejiga), que dan lugar a un dolor de cabeza insoportable cuando la energía se acumula en ellos. El dolor puede manifestarse repentinamente poco después del acto sexual, aunque también puede convertirse en un estado crónico, sin que en la mayoría de los casos se descubran sus causas.

En el caso del hombre, la situación tampoco suele estar mejor: a causa del estrés de la sociedad, cuyo carácter es marcadamente Yang, se encuentran bloqueados y su energía no puede fluir. Por ello, muchos hombres no pueden asimilar la energía Yang que les proporciona la mujer, de modo que tampoco se refuerza su masculinidad; pero también es posible que no sean capaces de descargar la energía asimilada mediante una sexualidad liberadora (a través del meridiano de la vejiga). En esta situación, el resultado más frecuente es, de nuevo, el dolor de cabeza.

● *Terapia recomendada*: Elimine los bloqueos con la ayuda de un terapeuta, mediante acupuntura o terapia neural (véase Direcciones útiles, página 97). La autoayuda que puede brindarse consiste una vez más en las Flores de Bach (véase En caso de bloqueos, página 78).

Bloqueo de los chakras

En el marco de una relación armónica, el acto amoroso da lugar a una fuerte descarga de las energías masculinas en el caso del hombre y de las energías sensibles y femeninas en el caso de la mujer. La disarmonía en una relación se debe a menudo a la vida cotidiana o, dentro del matrimonio, a las luchas de poder, las limitaciones mutuas y los celos. Todo ello va creando bloqueos y acumulaciones energéticas en los chakras (centros energéticos), lo cual puede desembocar a su vez en dolor de cabeza o de espalda.

● *Terapia recomendada:* Apertura de los chakras (véase página 84); Yoga (véase página 64); Aromaterapia (véase página 87); Flores de Bach (véase En caso de bloqueos, página 78).

Anemia

Uno de los objetivos primordiales de la sangre consiste en transportar oxígeno a todas las células de nuestro cuerpo. El oxígeno permite a las células transformar las sustancias nutritivas en energía, imprescindible para el desarrollo de la vida. Del transporte del oxígeno se encargan los glóbulos rojos; contienen una sustancia colorante, la hemoglobina, que aglutina tanto oxígeno como dióxido de carbono. El hierro que contiene la hemoglobina es la sustancia que retiene estos gases. Si el cuerpo elabora pocos glóbulos rojos (anemia), se reduce la cantidad de oxígeno en el cerebro y se puede producir dolor de cabeza.

Las causas de la anemia pueden ser múltiples:

– Carencia de hierro
– Carencia de vitamina B_{12}, vitamina indispensable para la elaboración de los glóbulos rojos. Aunque la persona asimile bastantes vitamina B_{12} con los alimentos, puede reducirse el aprovechamiento por parte del cuerpo debido a una disfunción gástrica.
– En ocasiones, los rayos X pueden llegar a dañar la médula ósea hasta el punto que ésta ya no pueda producir bastantes glóbulos rojos.
– También puede producirse una anemia cuando la persona ha perdido mucha sangre, como ocurre con frecuencia en caso de importantes heridas o de un parto difícil. El organismo no es capaz de compensar la pérdida de sangre en un tiempo tan corto, aunque en ocasiones y por las causas descritas anteriormente, no llega a producir siquiera un mínimo de sangre.

● *Terapia recomendada*: Pida un análisis de sangre a su médico de cabecera, para así aclarar cuáles son las causas del problema. El autotratamiento homeopático sólo debería instaurarse cuando se trata de una anemia poco acentuada (véase Anemia, Carencia de hierro, página 69 y 70).

Problemas con la columna

Los problemas con la columna que pueden provocar dolor de cabeza suelen manifestarse después de accidentes y excesos físicos a partir de cierta edad. Cuando hay una vértebra lesionada –por desgaste o accidente–, el cuerpo deja reposar esta parte tensando los músculos adecuados. Si esta postura de descanso dura demasiado, aparecen tensiones. Estas tensiones, sin embargo, también se dan cuando uno se sienta incorrectamente, en caso de estrés y endurecimientos musculares. Una variante especial de endurecimiento muscular es la miogelosis, en la que van apareciendo en los músculos nudos sensibles a la presión. Cuando estos nudos ejercen presión sobre un nervio que inerva la cabeza puede aparecer cefalea.

● *Terapia recomendada*: Masaje realizado por una persona experta, autotratamiento homeopático (véase Espasmos en la cabeza, página 72).

Trastornos corporales según el reloj orgánico

A menudo, el dolor de cabeza o la migraña se deben al trastorno de un solo órgano. Pero, por desgracia, las cosas no son siempre tan fáciles, sobre todo cuando el organismo ha estado en la forma en que avanza la enfermedad, pueden verse afectados diversos órganos. Para que el problema se entienda mejor, expondremos una breve explicación de los hechos.

Trastornos causados por sustancias tóxicas

Los alimentos pasan por la boca, el esófago y el estómago para ser elaborados definitivamente en la primera sección del intestino delgado. Allí se debería producir por medio de las sustancias digestivas del hígado, la bilis y el páncreas la separación de los componentes aprovechables de los inaprovechables. Si este proceso no se realiza correctamente –porque uno de estos órganos no trabaja bien o si, por algún otro motivo, como puede ser el estreñimiento, no se produce suficiente quimo–

es posible que las sustancias tóxicas presentes en algunos alimentos atraviesen las paredes intestinales y lleguen a la circulación sanguínea o la linfática.

Las sustancias tóxicas se extienden por todo el organismo, pero en su mayor parte se transportan al hígado, órgano encargado de la desintoxicación. Si la acumulación enfermiza de sustancias tóxicas impide que el hígado siga funcionando a pleno rendimiento, las toxinas pasan a los riñones, desde donde serán eliminadas definitivamente. Pero en los riñones pueden producirse dos efectos negativos más: por un lado, se trata de la intoxicación de los mismos y, por otro, de una sobrecarga de la vejiga, lugar en el que se depositan provisionalmente las sustancias tóxicas.

Ya vemos que, aun habiendo una sola causa, los efectos pueden alcanzar a más de un órgano. Según el órgano que más trabaje en cada momento, habrá otro que, por el meridiano correspondiente, transmita la señal al cerebro, dando lugar a un dolor de cabeza. Por ello, no debe extrañarnos que a menudo se recomiende el tratamiento intestinal, primer eslabón en esta cadena de alteraciones.

● *Terapia recomendada*: El médico o terapeuta debe averiguar en primer lugar cuál es la situación. En la mayoría de los casos, se instaurará un tratamiento intestinal realizado por un experto (véase Direcciones útiles, página 97).

Hígado

El hígado es el órgano encargado de la desintoxicación del organismo y, por tanto, tiene que enfrentarse a todas las sustancias tóxicas que se encuentran en él. Por ello juega un papel fundamental para los dolores de cabeza debidos a una intoxicación. Las toxinas medioambientales, las infecciones y los trastornos intestinales son los problemas con los que debe enfrentarse más a menudo. Siempre hay que prestar atención a las enfermedades hepáticas; las dolencias suelen manifestarse como cansancio o dolor de cabeza, pero son causa de una intoxicación.

● *Terapia recomendada*: Las enfermedades más graves del hígado, como es la hepatitis, deben ser tratadas por un médico. Cualquier tratamiento hepático debería ir acompañado de un tratamiento homeopático realizado por un experto y una cura de vitamina B_6. Además, usted puede desintoxicar el hígado con remedios homeopáticos (véase Lo que más afecta al hígado, página 73) e infusiones (véase Fitoterapia, página 93).

Pulmones

Los pulmones, órganos respiratorios, se encargan del intercambio de gases: recogen el oxígeno que necesitarán las células. Cuando no funcionan correctamente, disminuye el aporte de oxígeno, reflejándose en un riego sanguíneo deficiente. El resultado: dolor de cabeza.

● *Terapia recomendada*: Todas las enfermedades pulmonares, como la pulmonía o la tuberculosis, tienen que ser tratadas por un terapeuta. Para apoyar la terapia médica puede realizar ejercicios respiratorios con yoga (véase página 64) o cambiar de forma de vida (véase página 64). Deje de fumar y practique un poco de deporte, pero sin excederse.

Intestino grueso

El intestino grueso se encarga de concentrar las heces y de hacerlas avanzar por el sistema digestivo. Para que pueda funcionar correctamente el movimiento rítmico del intestino (peristaltismo), tiene que encontrarse en él cierta cantidad de fibra. De no ser así, el contenido de los intestinos no avanzaría, y las sustancias de desecho tóxicas podrían pasar a través de las paredes intestinales para entrar en el cuerpo por medio de la linfa intestinal (véase Daños causados por sustancias tóxicas, página 36).

Las fuertes diarreas hacen que el organismo pierda mucho líquido, lo cual puede comportar una alteración de la presión intracraneal. Como ya se ha dicho (véase página 23), estos cambios de presión se manifiestan como dolor.

En el intestino de las personas sanas se encuentra un gran número de bacterias encargadas de la digestión. Una alteración de esta flora intestinal producida por laxantes o antibióticos, por ejemplo, puede causar disbacteriosis (incorrecta composición de la flora bacteriana intestinal). En consecuencia, cambiará el valor del pH (acidez) del intestino, dando lugar a la proliferación de hongos, que, a su vez, producen alcohol metílico –una carga para el hígado–. Por otro lado, la presencia de estos hongos indica que el funcionamiento del metabolismo no es correcto.

● *Terapia recomendada*: Resulta indispensable realizar un tratamiento específico para restaurar la flora intestinal. El terapeuta debería realizar un lavado intestinal y administrarle posteriormente nuevas bacterias intestinales (regulación de la simbiosis). Por su parte, puede intentar remediar el exceso de ácidos.

Estreñimiento: cambiar de forma de vida (véase página 81), seguir una dieta (véase página 83); autotratamiento homeopático (véase Estreñimiento, página 76); acupuntura realizada por un terapeuta.

Diarrea: en casos extremos, consulte a un médico o terapeuta para conocer sus causas. En casos leves: autotratamiento homeopático (véase Diarrea, página 70).

Hongos: en cuanto a los hongos intestinales, sólo podrá solucionar el problema con la ayuda de un terapeuta y un tratamiento de restauración de la flora intestinal (véase Direcciones, página 97).

Estómago

El meridiano del estómago (Yang) y el meridiano del bazo y del páncreas (Yin) forman una pareja de meridianos. Cuando se encuentra debilitado el páncreas, el meridiano del estómago se ve obligado a desprender energía y cae enfermo. Como este meridiano pasa también por la cara, es posible que una alteración de la corriente energética produzca dolor de cabeza.

Cuando ha comido demasiado, gran parte de la sangre queda retenida en el estómago y los intestinos. Como consecuencia, se reduce el flujo sanguíneo y la oxigenación de la cabeza, cosa que puede producir también dolor.

Una alimentación incorrecta (entre muchas otras cosas: alcohol y dulces) puede provocar un exceso de ácidos en el estómago. Esto produce acidez, manifestándose ésta igualmente como dolor de cabeza.

● *Terapia recomendada*: Consulte a un médico o terapeuta para que determine si la causa se debe a un malfuncionamiento del páncreas. Si fuera éste el caso: regulación metabólica realizada por un terapeuta (véase Direcciones útiles, página 97). En los demás casos, puede tratarse a sí mismo. Inténtelo con colores (véase página 88), dieta (véase página 83), cambiando de forma de vida (véase página 64), yoga (véase página 64), meditación, apertura de las chakras (véase página 84) y autotratamiento homeopático (véase Problemas con el estómago, página 70).

Bilis y páncreas

Los trastornos que se producen en este meridiano son un sinónimo casi perfecto de la alteración del metabolismo. Puede decirse que son la base de una futura alergia, como las alergias alimenticias, que son las más relacionadas con el dolor de cabeza. Pero también las secuelas de las vacunas, que en ocasiones afectan a la bilis, pueden manifestarse como dolor de cabeza.

● *Terapia recomendada*: Consulte con un terapeuta experto en acupuntura, homeopatía y regulación bioquímico-homeopática del metabolismo (véase Direcciones útiles, página 97). Personalmente puede tratar el problema regulando el valor pH (véase Adiós a la acidez, página 60), abriendo las chakras (véase página 84) y siguiendo una dieta (véase página 83).

Corazón

Las dolencias cardíacas que dan lugar al dolor de cabeza no se deben necesariamente a un trastorno orgánico. Las más de las veces, se trata simplemente de neurosis cardíacas (trastornos cardíacos de origen nervioso), que se producen como consecuencia de una mayor secreción de adrenalina, que se debe, a su vez, al estrés.

● *Terapia recomendada*: Cuando tenga problemas con el corazón, tendrá que acudir en primer lugar a un médico. Sólo cuando esté seguro de que estos problemas no se deben a causas orgánicas, puede actuar por su cuenta cambiando de forma de vida (véase página 81), practicando yoga (véase página 64) o meditación (véase página 65) o procediendo a la apertura de las chakras (véase página 84). En todo momento puede iniciar una terapia secundaria con homeopatía (Trastornos cardíacos, véase página 71).

Intestino delgado

El intestino delgado se ocupa de absorber las sustancias nutritivas para que puedan entrar en la circulación sanguínea (resorción). En él se encuentra buena parte del sistema inmunológico, responsable de la defensa ante los agentes de las enfermedades. Por ello son tan importantes los procesos metabólicos que se producen en el intestino delgado. Cuando el metabolismo no funciona correctamente, puede aparecer una alergia alimenticia con el típico dolor de cabeza.

● *Terapia recomendada*: Regulación del metabolismo por parte de un experto (véase Direcciones útiles, página 97).

Vejiga

Dejando a un lado la vesícula biliar, la vejiga tiene el meridiano Yang más largo del organismo. Va de los pies a la cabeza, recorriendo toda la espalda. Los trastornos del meridiano de la vejiga se manifiestan casi siempre en forma de dolor de cabeza, y para ello basta que un enfriamiento al parecer insignificante de la parte baja del cuerpo se transmita a la vejiga. Como sus vías urinarias son más cortas, suelen afectarse más las mujeres que los hombres. Si la vejiga queda debilitada por reiterados enfriamientos o infecciones, puede producirse una inflamación que en algunos casos da lugar a alteraciones del tejido y hemorragias. Como ya se ha dicho (Trastornos causados por las toxinas, véase página 36), la vejiga también puede soportar una carga indirecta.

● *Terapia recomendada*: Acuda al médico para que realice un análisis de orina. Si se encontraran bacterias o glóbulos blancos, se trataría de una infección (véase Infecciones, página 45). Los glóbulos rojos en la orina indican que el tratamiento debe ser llevado a cabo por un médico. Cuando hay proteínas en la orina, es posible que estén afectados los riñones (véase Riñones en esta página). En caso de enfriamiento, conviene tomar baños de asiento de temperatura ascendente. En todos los casos puede seguirse una terapia homeopática secundaria (véase Problemas con la vejiga, página 69), pero también se pueden tomar infusiones para la vejiga (véase Fitoterapia, página 93).

Riñones

El correcto funcionamiento de los riñones está estrechamente relacionado con la presión sanguínea. Cuando ésta es demasiado elevada, aumenta la presión sobre las cápsulas suprarrenales, que pueden quedar afectadas. Cuando, en cambio, la presión sanguínea es demasiado baja, se reduce el efecto del proceso de filtrado, y el tejido empieza a acumular agua. La consecuencia de un filtrado insuficiente puede ser una progresiva acumulación de toxinas que, a su vez, producen dolor de cabeza (véase Presión sanguínea, página 69).

● *Terapia recomendada*: Las afecciones renales siempre deben ser tratadas por un médico. Medidas adicionales pueden ser la Fitoterapia (véase página 93) y el Autotratamiento homeopático (véase Problemas renales, página 74).

Circulación

Nuestro sistema circulatorio comprende el corazón con todos los vasos sanguíneos y la sangre. Para poder adaptarse en todo momento a las circunstancias reinantes, puede aumentarse (en caso de esfuerzos) o reducirse (en momentos de descanso) el rendimiento de la circulación. Esto se consigue, bien por medio de la alteración del ritmo cardíaco, bien por medio de la dilatación o la constricción de los vasos. De esta manera, se producen las oscilaciones normales de la presión sanguínea. Cuando la presión sanguínea no es la adecuada para los esfuerzos que realiza el cuerpo, se produce una presión excesiva o insuficiente de la sangre en la cabeza, con lo que puede aparecer dolor de cabeza.

La presión sanguínea demasiado elevada (hipertensión) constituye una típica enfermedad de los países industrializados. Por lo general, las causas residen en el estrés, las esclerosis (endurecimiento hereditario de los vasos sanguíneos) o los vasos estrechos (a causa de la nicotina o de los espasmos). Cuando la presión sanguínea es alta se acumula mucha sangre en la cabeza; entonces, la persona siente una dolorosa presión en la cabeza y un zumbido desagradable en el oído.

● *Terapia recomendada*: Cuando la presión sanguínea es alta, el tratamiento debe ser realizado siempre por un terapeuta. Según las causas, puede iniciarse una terapia de nosodas (véase En caso de cargas hereditarias) o una regulación homeopática del metabolismo (en caso de esclerosis y espasmos) (véase Direcciones útiles, página 97). Por su parte, puede apoyar estas medidas intentando eliminar el estrés. Cambiar de forma de vida (véase página 81) y los ejercicios de relajación (véase Meditación, página 65; Yoga, página 64) son buenas alternativas. Puede, además, tomar medidas homeopáticas (véase Problemas circulatorios, página 73), abrir las chakras (véase página 84) e iniciar una terapia con flores de Bach (véase Estrés y excesos, página 79).

Cuando la presión sanguínea es baja (hipotensión), tendrá dolor y una sensación de vacío en la cabeza. Por lo general, la presión sanguínea baja se debe a una dilatación de los vasos, consecuencia del alcohol, una alteración del equilibrio de los líquidos y procesos alérgicos en el organismo.

● *Terapia recomendada*: Antes de iniciar un autotratamiento hay que asegurarse de que no sufre una alergia (véase página 25) que necesita tratamiento. Si no fuera éste el caso, puede tratar la baja presión sanguínea baja con homeopatía (véase Presión sanguínea baja, página 69).

Glándulas

Cuando todos los síntomas indican que se trata de una alteración del meridiano de las glándulas, puede estar afectada cualquiera de las glándulas hormonales de nuestro organismo. Entre ellas se incluye la hipófisis, que dirige todos los procesos metabólicos. A su vez, las alteraciones del metabolismo pueden manifestarse en diversas enfermedades, algunas de ellas acompañadas de dolor de cabeza.

● *Terapia recomendada*: Las mujeres encontrarán mayor información en la página 26. Si el hombre tiene dolor de cabeza de origen hormonal, hay que consultar a un terapeuta.

Bilis

La bilis se encarga de producir las enzimas necesarias para la digestión, sobre todo de las sustancias grasas. Por ello, un trastorno biliar implica automáticamente una alteración del metabolismo del colesterol (una grasa), con lo cual los vasos tendrán que soportar una carga mayor. Esta carga, a su vez, puede ser causa de mareos (a una edad determinada) o dolor de cabeza. La tensión de la musculatura en las vías biliares puede provocar una congestión de los jugos biliares, que da lugar a acidez y también dolor de cabeza.

Un meridiano biliar demasiado cargado se manifiesta con dolor de cabeza lateral (migraña) y dolor en los cabellos. También se llama «punto atmosférico», pues está en función de la presión atmosférica.

● *Terapia recomendada*: En los casos más agudos tiene que acudir a un acupuntor que le ayude a eliminar las congestiones que se han producido en el meridiano biliar. Por lo demás, puede iniciar un autotratamiento homeopático (véase Problemas biliares, página 71) o un tratamiento fitoterapéutico (véase Trastornos orgánicos, página 94).

Trastornos de los órganos de los sentidos

Sin contar el tacto, todos los demás órganos de los sentidos se encuentran en la cabeza. Por ello no es de sorprender que el exceso de trabajo o las infecciones de ojos y oído, sobre todo, puedan causar dolor de cabeza. En estos casos, no suele ser difícil descubrir las causas. No obstante, si viera que sufre de un dolor de vista u oídos de origen incierto, es posible que la causa resida en la presencia de hongos en los intestinos (véase Hongos, página 47).

Dolor de cabeza causado por la vista

Después de mirar la televisión, leer o trabajar durante horas ante el ordenador, no es de extrañar que uno pueda tener dolor de cabeza. Por lo general, el factor desencadenante es el cansancio de la vista, sobre todo cuando el dolor de cabeza causado por la vista se debe a una alteración de la vista que no ha sido tratada o al uso de unas gafas incorrectas. Algunos problemas oculares crónicos se deben a cargas hereditarias (véase Factores hereditarios, página 24), pero también pueden ser consecuencia de algún problema neurálgico (véase Neuralgias, página 30).

● *Terapia recomendada*: Acuda a un oculista para una revisión ocular. En caso de que existiera algún trastorno, las gafas correctas le ahorrarán al menos los dolores innecesarios. Los ejercicios de relajación, como la Meditación (véase página 65) y el Yoga (véase página 64) le ayudarán a relajarse después de un esfuerzo. Desde hace poco existen ejercicios especiales para las personas que trabajan con ordenador (véase Libros útiles, página 96).

Otitis media

La otitis media puede producir un dolor de cabeza insoportable a causa de la presión que parece existir en el oído. Las causas pueden ser múltiples: pseudomonas, estafilococos, estreptococos, pneumococos o virus gripales.

● *Terapia recomendada*: Los casos graves deberían ser tratados por un terapeuta, mientras que los casos más leves pueden autotratarse homeopáticamente (véase Otitis media, página 73).

Enfermedades infecciosas

Si, por lo general, disfruta de buena salud, los mecanismos de defensa de su organismo deberían reaccionar de forma normal, con lo que la mayoría de las infecciones irían acompañadas de fiebre. Las temperaturas altas, de 40 grados, indican que se trata de una infección vírica, y las temperaturas de 38 grados, que se trata de una infección bacteriana. Las infecciones virales y bacterianas van a menudo acompañadas de una congestión de los vasos linfáticos descendentes de la cabeza, extremo que se manifiesta con dolor de cabeza depresivo. En este caso resulta inútil tratar el dolor de cabeza: hay que atacar las causas de la infección.

Las enfermedades infecciosas sin fiebre pueden ser causadas por hongos. Síntomas característicos son, por ejemplo, el prurito, las inflamaciones con irritación de la región genital o anal, el dolor de ojos o de oído inexplicable o la migraña.

No obstante, es probable que usted no pueda determinar por cuenta propia la clase de infección de que se trata, pues existen demasiados agentes diferentes. En los viajes a otros países –sobre todo a aquellos de zonas tropicales que no tienen asegurado un mínimo nivel sanitario– hay que tener en cuenta, además, que los agentes más insignificantes pueden provocar enfermedades. Es importante que acuda al médico a la menor duda, pues sólo así podrá estar seguro de no tener una peligrosa enfermedad infecciosa.

Infecciones bacterianas

En nuestro organismo se hospedan miles de millones de bacterias beneficiosas, imprescindibles para nuestro bienestar. Las más importantes son las bacterias intestinales, que nos ayudan a preparar y asimilar los alimentos. Estas bacterias viven en armonía con nuestro cuerpo y no son atacadas por el sistema inmunitario.

Pero cuando se destruye el equilibrio intestinal tras un abuso de antibióticos, por ejemplo, pueden anidar allí bacterias extrañas a nuestro organismo, que actuarán como agentes de enfermedades. Por ello, las personas que consumen muchos antibióticos pierden parte de su resistencia ante las infecciones. Por otro lado, las infecciones pueden producirse también a causa de una herida abierta.

Las bacterias agentes de enfermedades se encuentran en la sangre; allí se reproducen y desprenden sustancias tóxicas. Por ello, las toxinas bacterianas pueden producir dolor de cabeza de forma directa o paralizando la labor del hígado (véase Trastornos orgánicos, página 94).

● *Terapia recomendada*: A ser posible, evite tomar antibióticos. Estas armas milagrosas de nuestra era pueden salvar vidas, pero de hecho se recetan para cualquier infección, y tienen más efectos secundarios de lo que comúnmente se dice. El que destruyan tanto las bacterias nocivas como las útiles da lugar a graves trastornos del sistema digestivo y del metabolismo. Un terapeuta puede ayudarle con remedios homeopáticos y nosodes a eliminar las consecuencias de los antibióticos y los residuos tóxicos que han dejado. El autotratamiento sólo debe instaurarse después de consultar con el médico (véase Infecciones, página 45).

Enfermedades víricas

Los virus son los seres vivos más pequeños que se conocen. La mayor parte del tiempo sobreviven como cristal proteínico, en el que se encuentra encerrada su información genética. El virus sólo despierta en la célula viva para empezar a reproducirse. Las enfermedades virales, a no ser que se trate de una gripe o de enfermedades infantiles, son difíciles de clasificar y pueden ser muy peligrosas. Por ello, siempre debe consultar a un terapeuta o a un médico. Uno de los virus más peligrosos es el arbovirus, que puede provocar una meningitis.

● *Terapia recomendada*: Si tiene dolor de cabeza y, al mismo tiempo, alguna enfermedad vírica acompañada de fiebre, debe consultar enseguida con su médico. La medicina oficial sigue sin haber descubierto remedios eficaces contra los virus; por ello, las infecciones virales deberían someterse al tratamiento con homeopatía o nosodes realizado por un terapeuta experto (véase Direcciones útiles, página 97). En estos casos, los antibióticos no surten efecto, y sólo se aplican contra las enfermedades bacterianas que se pueden manifestar al mismo tiempo.

Hongos

Hongos se encuentran casi por doquier, pero un organismo sano sabe cómo defenderse de ellos. Por ello, una micosis indica que los mecanismos de defensa han dejado de funcionar correctamente. Esta situación se da sobre todo cuando se ha alterado la acidez de los intestinos (véase página 60) o cuando se ha abusado de los medicamentos.

Cuando los hongos han conseguido asentarse, desplazan más y más a las bacterias intestinales útiles, como aquellas que necesitamos para elaborar vitaminas y digerir los alimentos, descompensando su funcionamiento normal. Al mismo tiempo, los hongos producen sustancias tóxicas que dañan los órganos, con lo que a menudo dan lugar a dolor de cabeza. Durante los procesos metabólicos, los hongos desprenden gases y alcohol metílico, con lo que a la larga suponen una sobrecarga para el hígado. Por ello, parece que las personas que tienen hongos están siempre algo bebidas, y a menudo sufren migrañas que se deben a la sobrecarga hepática (véase Hígado, página 37). Las personas que tienen hongos pueden estar borrachas habiéndose bebido una sola cerveza, y siempre están cansadas.

● *Terapia recomendada*: Para eliminar los factores que favorecen un asentamiento de los hongos, un terapeuta tiene que proceder a la regulación de su metabolismo. Por su parte, puede regular el valor pH (véase Adiós a la acidez, página 60) y seguir una dieta sin azúcares (véase página 83). Las cremas y demás remedios contra los hongos sólo inhiben los síntomas, pero no eliminan las causas.

Congestión linfática

El sistema linfático es un sistema de vasos independiente del sistema de circulación sanguínea. Transporta los líquidos linfáticos o linfa, encargados de rechazar los agentes de enfermedad. Cuando el sistema linfático se encuentra debilitado, las infecciones producen fuertes hinchazones en los ganglios linfáticos. Si estos ganglios se encontraran en el cuello, es posible que se haya reducido el vaso linfático descendente de la cabeza, pudiéndose producir dolor de cabeza depresivo.

● *Terapia recomendada*: Acuda a un médico para saber cuáles son las causas del trastorno. Si no aparecieran complicaciones, puede iniciar el autotratamiento homeopático (véase Ganglios linfáticos hinchados, página 73).

Abuso de tabaco y alcohol

Hoy en día, casi todo acontecimiento social está relacionado con el consumo de tabaco y alcohol. A partir de una cantidad que varía de persona a persona y que es menor de lo que queremos reconocer, estas sustancias se convierten en toxinas. El cuerpo se defiende ante este abuso con el dolor de cabeza, que se debe por un lado a los efectos tóxicos (alcohol) y, por otro, al aumento de la presión sanguínea que provoca la constricción de los vasos (tabaco).

● *Terapia recomendada*: La mejor terapia es la reducción del consumo de alcohol y tabaco. Si tiene resaca acompañada de dolor de cabeza puede ayudarse con remedios homeopáticos (véase Abuso de alcohol, página 68).

Focos de alteraciones del organismo

Los focos o campos de alteraciones son influencias externas o internas que alteran el flujo energético de nuestro organismo. Estos campos pueden tener una naturaleza muy diversa: no solamente se trata de cicatrices en la piel o dientes muertos, amalgamados o afectados por una infección, sino que entre ellos también se cuentan las influencias geopáticas. Según las normas de la acupuntura (véase página 91), estos focos interrumpen el flujo energético de los meridianos. Por ejemplo, si está afectado un meridiano que comunica con la cabeza, es posible que la acumulación de energías desencadene a la larga un dolor de cabeza.

Cicatrices

Tras una herida grande de la piel se crea un nuevo tejido que se diferencia a simple vista de las partes no lesionadas, pues van apareciendo una serie de alteraciones. Cuando estas cicatrices se encuentran en un meridiano, se convierten en focos. Los efectos pueden hacerse notar en función de la edad y el estado de salud de la persona; pero cuando aparecen, hay que acudir a un experto para que elimine estos focos.

● *Terapia recomendada*: regeneración de cicatrices (véase página 60).

Dientes

Los dientes muertos, las inflamaciones y los quistes que se encuentran en la región bucal también pueden convertirse en campos de alteraciones del organismo. Uno se acordará de su existencia después de haber buscado infructuosamente las causas de un dolor de cabeza. Cuando estos focos no se pueden localizar con exactitud, pueden encontrarse mediante la medición por electroacupuntura. Cada vez son más los dentistas que utilizan este método, y todo terapeuta naturista podrá indicarle uno.

También los efectos dañinos de los empastes de amalgama o de otros metales adquieren una importancia cada vez mayor. En este caso, existen básicamente dos efectos negativos. El primer efecto negativo de los empastes de amalgama es químico. La plata y el mercurio de la amalgama se van desprendiendo progresivamente y dan lugar a intoxicaciones por metales pesados en el organismo. El hígado, encargado de eliminar las toxinas, no puede con todo esto y produce indirectamente dolor de cabeza (véase Hígado, página 37).

Entre los dientes y los órganos internos existen relaciones energéticas, dando lugar a que dientes desvitalizados influyan en el órgano correspondiente y su estado de salud:

Relaciones energéticas entre dientes y órganos corporales

Dientes*	Órganos
Incisivo primero	Epífisis, vejiga, riñones, cápsulas suprarrenales
Incisivo segundo	Epífisis, vejiga, riñones, cápsulas suprarrenales
Colmillo	Hipófisis, vesícula biliar, hígado
Molar anterior primero derecha:	Timo, intestino grueso, pulmones, glándulas mamarias, estómago, páncreas, vasos linfáticos
Molar anterior segundo izquierda:	Timo, intestino grueso, pulmones, glándulas mamarias, estómago, páncreas, vasos linfáticos
Molar posterior primero derecha:	Glándulas mamarias, estómago, páncreas, venas, intestino grueso, pulmones
Molar posterior primero izquierda:	Glándulas mamarias, estómago, páncreas, venas, intestino grueso, pulmones

Dientes*	Órganos
Molar posterior segundo derecha:	Glándulas mamarias, glándula tiroides*, estómago, páncreas, arterias, intestino grueso, pulmones
Molar posterior segundo izquierda:	Glándulas mamarias, glándula tiroides*, estómago, páncreas, arterias, intestino grueso, pulmones
Muelas del juicio:	Sistema nervioso central, psique, hipófisis, corazón, equilibrio energético, nervios periféricos

* Para que pueda localizarlos con mayor facilidad, hemos enumerado los dientes uno a uno; sin embargo, todos los dientes tienen relación energética con los órganos mencionados, tanto los del maxilar superior como inferior y a ambos lados (derecha e izquierda); las excepciones ya se han indicado.

Existe una correlación directa diente-órgano. Cuando un diente desvitalizado o inflamado actúa como foco es casi seguro que el órgano correspondiente enfermará al cabo de algún tiempo. Y viceversa: la enfermedad de un órgano puede ser la causa del dolor del diente correspondiente.

● *Terapia recomendada*: Eliminación de los focos (véase página 59).

Alteraciones geopáticas

En la Tierra existen campos de radiaciones naturales que dan lugar a perturbaciones geopáticas. Si por las mañanas se levanta descansado y relajado, casi seguro que duerme en un lugar libre de focos geopáticos. Pero si se mira al espejo y tiene los ojos hinchados, dolor de cabeza y se siente molido y cansado, y necesita una ducha o un café antes de despertar realmente, puede estar seguro de que duerme en medio de un foco de alteraciones geopáticas.

Las interferencias o perturbaciones geopáticas pueden provenir de corrientes de agua, movimientos de tierra o de redes magnéticas.

La reacción de los niños pequeños ante los dormitorios con focos geopáticos es muy extrema; no consiguen dormirse y, si lo hacen, no despiertan descansados. Por la noche se mueven mucho y acaban en un rincón, allí donde notan que los focos actúan menos. Los perros también buscan zonas poco afectadas, mientas que gatos, hormigas y serpientes prefieren dormir sobre los puntos en que se cruzan los focos geopáticos. Cada animal se busca el lugar más adecuado para dormir, y sólo el ser humano se obliga a dormir incluso en los lugares menos indicados, aunque sea con la ayuda de somníferos.

De esta manera actuamos en contra de las reacciones naturales de nuestro inconsciente, que intenta prevenirnos ante la pérdida energética que supone dormir en un lugar inadecuado. Cuando la fase de descanso de la noche sufre durante algún tiempo los efectos de los focos geopáticos, el cuerpo empieza a perder energía. Un lugar de descanso nocturno inadecuado acentúa, de esta manera, el efecto de las enfermedades e impedirá el éxito del tratamiento del dolor de cabeza, pues su cabeza estará toda la noche expuesta a estas perturbaciones. Al tomar remedios homeopáticos, la sensibilidad frente a un lugar de descanso inadecuado parece acentuarse, pues será más consciente de las alteraciones que se van produciendo.

● *Terapia recomendada*: Regulación del lugar de descanso (véase página 58).

Focos causados por la corriente eléctrica

Los campos eléctricos también pueden ser negativos para el lugar de descanso nocturno. Los aparatos eléctricos, los cables y las antenas se encuentran rodeados de campos electromagnéticos de diferente intensidad, que atraen a las partículas cargadas eléctricamente (iones), alterando de esta manera todos los procesos de nuestro organismo en los que intervienen las cargas eléctricas, como son la actividad nerviosa y muscular.

● *Terapia recomendada*: Regulación del lugar de descanso (véase página 58).

Dolor de cabeza ambiental

Sensibilidad climática

Muchas personas reaccionan con migrañas y dolor de cabeza a los cambios climáticos. Algunas de ellas sufren más los cambios de presión, como los que se dan en el cambio rápido de presiones altas a bajas. En otras personas, en cambio, no resulta tan fácil descubrir la causa. El tiempo no afecta por igual a todas las personas, y por ello parece que el factor fundamental es la predisposición. Ésta puede deberse a una debilidad hereditaria de los vasos o también a una cierta inestabilidad nerviosa. Al estudiar los procesos que se desarrollan en nuestro organismo y relacionarlos con un estudio sobre los campos magnéticos que se producen durante un cambio de tiempo, descubriremos lo siguiente:

La fricción de las masas de aire en movimiento crea campos magnéticos de poca intensidad que fácilmente provocan reacciones en el ser humano. Las pequeñas descargas locales, «spherics», parecen influir en todos los procesos bioquímicos de nuestro organismo relacionados con cargas eléctricas. En este caso, los átomos cargados eléctricamente (iones) de los minerales desempeñan un papel fundamental. El funcionamiento del sistema nervioso y del cerebro está estrechamente relacionado con estas partículas cargadas. Al alterarse externamente su relación, pueden producir dolor de cabeza.

● *Terapia recomendada*: En casos normales: autotratamiento homeopático (véase Sensibilidad ante los cambios climáticos, página 77); en los casos más graves: terapia neural realizada por un terapeuta. En ambos casos: relajación con ejercicios meditativos (véase página 65), Yoga (véase página 64), apertura de las chakras (véase página 84) y Flores de Bach (véase página 77).

Toxinas medioambientales

Las toxinas medioambientales, como son los insecticidas y pesticidas de la fruta y verdura mal lavada, pueden causar según su cantidad cansancio y dolor de cabeza. Los mismos efectos tiene el plomo de los gases de escape de los coches, sobre todo cuando, por una mayor acidez, el organismo tiende a asimilar más plomo. Tras entrar en la sangre, estas toxinas pasan al hígado para ser expulsadas. Cuando la carga es muy elevada pueden dar lugar a trastornos hepáticos y dolor de cabeza (véase Hígado, página 37). Todas las toxinas que el hígado no puede neutralizar y eliminar pasan al tejido adiposo. Cuando se realiza una cura de ayuno se empieza a quemar la grasa, con lo que estas toxinas entran de nuevo en la circulación sanguínea, pudiendo provocar otra vez dolor de cabeza.

● *Terapia recomendada*: Un tratamiento para la acidez neutraliza la tendencia del organismo a asimilar con facilidad metales pesados. Realice, además, una regulación pH (véase página 60). Para la desintoxicación del organismo conviene que un terapeuta experto realice una eliminación de las toxinas mediante una terapia de nosodes (véase Direcciones útiles, página 97).

Tratamiento natural de la migraña

En este capítulo explicaremos las posibles formas de autotratamiento del dolor de cabeza. Antes de profundizar en las diversas teorías, el lector debería haberse informado en el capítulo dedicado a la Autoobservación (véase página 9) y extraer conclusiones sobre la localización, el tipo de dolor de cabeza y el momento en que éste se manifiesta. Estas pistas las puede verificar en el capítulo «causas y terapias recomendadas» para saber exactamente qué está ocurriendo.

Si no sabe exactamente cuáles son las causas o si se ha encontrado con la indicación que conviene consultar a un médico tiene que dejar de lado el autotratamiento, al menos hasta que esté seguro de que no se trata de una enfermedad peligrosa.

Antes de describir el autotratamiento hablaremos sobre algunas de sus particularidades. Pues incluso si se instaura la terapia adecuada es posible que no se cure, ya que en ocasiones existen circunstancias que lo impiden. Por ello, infórmese sobre las «Medidas indicadas para antes del tratamiento».

Medidas indicadas para antes del tratamiento

La medicina naturista se ha planteado a menudo la siguiente cuestión: ¿Por que a veces ocurre que las enfermedades diagnosticadas y tratadas correctamente no se llegan a curar? Se conocen diversas circunstancias que impiden cualquier progreso y que pueden ser responsables de la mayoría de estos casos de tratamiento infructuoso.

Es uno mismo quien dificulta o imposibilita el tratamiento de una enfermedad, independientemente de que se trate de una terapia oficial o naturista. A veces da la impresión de que no hacemos todo lo que está en nuestra mano por curarnos. Incluso si cree estar totalmente sano, conviene hacer caso a estas propuestas –algunas de las cuales requieren bastante dedicación– para eliminar bloqueos y campos de alteraciones.

Eliminar bloqueos psíquicos

Prácticamente, todos los bloqueos del inconsciente implican que la persona hace inconscientemente todo lo necesario para dañarse. En la medicina naturista, esto se llama «bloqueo inverso» o «vuelta contra uno mismo».

Este tipo de personas asimilan inconscientemente todo lo que es dañino y rechazan lo que es bueno para ellas. Es posible que vayan a ver dos veces a la semana a un conocido o un familiar que les molesta mucho. Incluso cuando estos encuentros les provocan dolor de cabeza. Entre ellas también figuran los fumadores, que tosen hasta reventar, y los adictos a alguna otra sustancia, como puede ser el chocolate, que siguen comiendo esta sustancia aún cuando les provoca estreñimiento. Finalmente, existe también el caso de terapeutas reversos, con este tipo de bloqueos que tratan a sus pacientes con terapias inadecuadas.

Si creyera usted mismo que reacciona incorrectamente a un tratamiento puede utilizar los siguientes ejercicios para salir del estado reverso.

● *¿Qué puede hacer?* Cierre sus manos formando un puño y gire las palmas hacia arriba. Golpee los puños reiteradamente uno contra otro, con la parte donde se encuentra el dedo meñique (véase gráfico página 57). De esta forma estimulará los dos puntos de acupuntura denominados «intestino delgado 3». Según la medicina china, estos puntos son la puerta que accede a la columna y la cabeza. Imagínese el efecto del ejercicio como si los golpes abrieran la puerta, eliminando de esta forma el bloqueo reverso.

Mientras golpea los puños uno contra otro, pronuncie o piense siempre frases positivas como las siguientes:
  – «Quiero estar sano»
  – «Quiero ser amable»
  – «Pienso positivamente»
  – «Tengo fuerza».

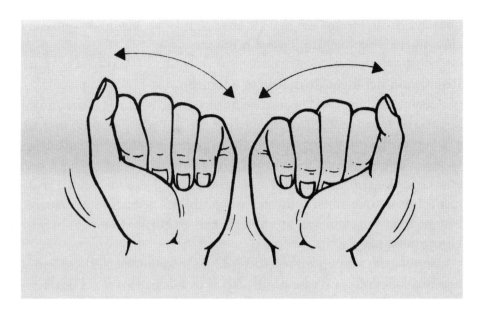

Golpes «reversos»: este sencillo ejercicio da buenos resultados.

Pronto se dará cuenta de que le es más fácil alcanzar estos objetivos. En todo caso, debe evitar las frases que contienen la palabra «no», pues al parecer, el inconsciente no las puede asimilar. En una frase como «No quiero tener dolor de cabeza», el inconsciente no puede aprehender el significado de «no», de forma que entiende «Quiero tener dolor de cabeza». Compruebe la eficacia del método antes de decir que no sirve para nada. Intente golpear los puntos con fuerza tres veces cada mañana y dígase tres veces «quiero estar sano» y tres veces más «quiero estar en forma». Verá que se sentará bien todo el día. De esta manera puede influir positivamente en los procesos curativos y pasar un día con buen humor.

Por desgracia, estas personas también tienden a no querer salir de su estado, y por ello no quieren ni oír hablar del método anterior. Para solucionar este problema, los amigos de la gemoterapia colocan un cristal de cuarzo blanco tallado debajo del colchón de esta persona, a la altura de la cabeza; se dice que de esta forma las vibraciones del cuarzo ayudan a paliar este tipo de bloqueos.

No obstante, no olvide que debe quitar el cristal de roca después de que haya hecho efecto. Y si tiene fe en la terapia por medio de gemas incluso puede llevarlo encima usted mismo.

Regulación del lugar de descanso nocturno

Cuando su lugar de descanso nocturno se encuentra en el área de influencia de zonas geopáticas, suele bastar con dormir en sentido inverso, es decir, cambiar la cabecera de la cama, pero no siempre es suficiente. La mejor solución consiste en llamar a un zahorí para que le indique cuál es el mejor lugar para dormir. Por desgracia, son pocos los zahoríes realmente buenos que saben cómo atajar el problema de estas interferencias, aunque cada vez empiezan a proliferar más en el Estado español (véase Direcciones, página 97).

Un terapeuta experto puede determinar mediante la electroacupuntura o la kinesiología (véase página 62) si es adecuado o no el dormitorio de una persona. De esta manera se puede comprobar también si las recomendaciones del zahorí han dado el resultado deseado. Si, a pesar de cambiar de lugar la cama, sigue habiendo algunos pequeños problemas, puede colocar una plancha de corcho debajo de la cama. Una solución de emergencia para viajes por ejemplo, es la cebolla –según la tradición popular, todavía no desmentida– que se coloca debajo de la cama. No obstante, pierde sus efectos al cabo de poco, y hay que cambiarla cada tres días.

Es muy importante que el dormitorio quede libre de las influencias negativas de los campos eléctricos. Los radiodespertadores, los televisores y las lámparas de neón no tienen que estar cerca de la cama, pues turban la paz del ambiente. La mejor solución consiste en instalar un interruptor que apague la corriente, que desconecta automáticamente toda la alimentación eléctrica del dormitorio o de la casa cuando ya se han apagado todos los aparatos eléctricos. Pero incluso si ha instalado un interruptor de este tipo, conviene desenchufar por la noche todos los aparatos eléctricos (excepción hecha de la nevera y del congelador, claro está). No se olvide de la radio, del televisor, de las antenas y del ordenador. Los largos cables de estos aparatos actúan como antenas y captan radiaciones como las de la radio. De esta forma se van creando campos magnéticos muy débiles ante los que nuestro organismo reacciona enseguida.

● *¿Qué se puede hacer?* Compruebe la idoneidad de su dormitorio mediante la prueba kinesiológica (véase página 62) y elimine todos los aparatos eléctricos en un radio de uno a dos metros alrededor de la cama. También puede hacer la prueba de cambiar la cama de lugar para ver cómo reacciona su organismo. No obstante, si no ha iniciado un tratamiento homeopático previo, es posible que tarde un tiempo más en darse cuenta de la diferencia. Lo mejor es consultar a un terapeuta o zahorí (véase Direcciones útiles, página 97). Si tiene dolor de cabeza o migraña tendría que adoptar las medidas descritas además de seguir la terapia que le hayan indicado.

Saneamiento dental

Póngase ante el espejo, abra la boca y mire cuántos metales diferentes lleva en la boca. Cuando sufre dolor de cabeza o migraña es más importante que nunca no llevar más de una clase de metal en la boca, y que éste haya sido sometido a pruebas de tolerancia.

Los peores efectos se producen cuando se utiliza amalgama en combinación con otros metales. Si, por ejemplo, se han colocado empastes de oro y amalgama, uno al lado de otro, se desprenderá plata y mercurio de la amalgama, llegando a través de la saliva y los intestinos a todo el organismo, uniéndose a los aminoácidos y transformando perjudicialmente las proteínas del cuerpo.

En el tratamiento dental habría que renunciar siempre a la amalgama. Existen otros materiales que pueden sustituir perfectamente la amalgama. Especialmente recomendables son los empastes de cerámica o plástico endurecidos con luz, pues son materiales totalmente inofensivos. El que no duren tanto como las amalgamas se compensa porque son más económicos y el cuerpo los tolera mejor. Además, existe la posibilidad de cubrir los empastes de metal con una fina capa de cerámica, para que la saliva no entre en contacto directo con el metal. Por norma general, puede decirse igualmente que, al abrir la boca, todos los dientes deberían verse blancos.

● *¿Qué puede hacer?* Acuda a un terapeuta o dentista experto en medición de electroacupuntura para saber si usted tolera los empastes de metal y si no existen focos negativos. Si se midieran campos de efecto negativo debería acudir a un experto para que los elimine. Si tiene empastes de diversos metales y amalgamas, conviene sanear toda la boca según las indicaciones anteriores. En todo tratamiento dental debe evitar que le pongan nuevos empastes de amalgama. Si le quitan un empaste de amalgama, conviene que un terapeuta inicie un tratamiento de eliminación de amalgama.

Eliminar la acción negativa de las cicatrices

Las cicatrices pueden interferir seriamente en las vías energéticas de los meridianos y ejercer por tanto un efecto pernicioso sobre el intercambio energético entre los órganos. Cuanto más grandes sean estos campos de interferencias y cuanto mayor sea la persona, más se notará su efecto, pues aumenta el volumen del tejido al que apenas le llega sangre. Una solución al problema es la Terapia neural, en la que se inyecta formicaína debajo de las cicatrices. Esto estimula el riego sanguíneo local, con lo que se eliminan las sustancias tóxicas acumuladas en el tejido.

● *¿Qué puede hacer?* Usted mismo puede hacer algo para que una cicatriz reciba más sangre. Para conseguirlo, extienda diariamente un poco de crema de fluorato cálcico sobre la cicatriz (durante al menos tres meses) o tome el remedio homeopático Silicea D10 (1 vez al día cinco glóbulos) durante tres meses.

Adiós a la acidez

Por extraño que parezca, es posible que en todo el organismo predomine un exceso de acidez. Una medida sencilla que incluso puede poner en práctica una persona no experta consiste en la regulación pH (valor ácido). En la mayoría de casos le ayudará a corregir de forma sencilla y natural el exceso de ácidos en el organismo.

Compre papel de indicador de pH (papel tornasol) en la farmacia y por las mañanas, antes de lavarse los dientes y sin haber comido nada, escupa encima de la hoja. El color del papel lo tiene que comparar con la escala de colores del indicador: el valor debería situarse en el siete. Cuando el valor es inferior, puede deducir que la saliva es demasiado ácida.

Para regular el exceso de ácido, puede utilizar diversos remedios homeopáticos. Necesitará varios a la vez, pues en un organismo con exceso de ácidos se encuentra demasiado potasio y poco calcio (véase página 29). Para que el cuerpo pueda asimilar el calcio necesario, necesita también magnesio (que actúa como catalizador), un lactato (una sal del ácido láctico) y vitamina D.

● *¿Qué puede hacer?* Compruebe el valor pH de su saliva en el método descrito. Si viera que existe un exceso de ácidos, elija entre los remedios con calcio y magnesio que se enumeran a continuación aquel que mejor se adapta a su personalidad homeopática. El lactato más indicado es la Lacticum D12 (una vez al día cinco glóbulos). Estos remedios los puede comprar en una farmacia que disponga de productos homeopáticos. Para contar con la vitamina D necesaria basta con salir cada día a dar un paseo al aire libre y tomar un poco el sol. Acuda a un médico homeópata para que le recete un sodio de potencia elevada y tome los remedios tal como se ha descrito.

Sólo debe seleccionar el remedio Calcium que se adapte a su personalidad. Dosificación: 3 × 1 pastilla al día.

Calcium carbonicum D2: para personas lentas y asentadas que sudan mucho en la parte posterior de la cabeza.

Calcium phosphoricum D4: para personas con muchas ideas que tienden a la osteoporosis y dolencias relacionadas con los huesos.

Calcium fluoratum D6: para personas con dientes mal conservados y huesos débiles.

Calcium silicicum D4: para personas con uñas y pelo enfermizo y que siempre tienen frío.

Además, conviene que tome diariamente un remedio con magnesio. Dosificación: 3 × 1 pastillas al día.

Magnesium phosphoricum D6: en caso de espasmos musculares e intolerancia a los productos lácteos.

Magnesium carbonicum D6: en caso de acidez de estómago y tendencia al estreñimiento.

Magnesium chloratum D6: en caso de falta de apetito.

Kinesiología: la curación mediante el ejercicio

Traducido literalmente, «kinesiología» significa teoría del movimiento. Este campo de la medicina naturista se ocupa de la posibilidad de influir en nuestro bienestar y salud mediante el movimiento. Una idea fundamental de esta teoría consiste en considerar que las enfermedades se manifiestan mediante una transformación de la postura física o de los movimientos y que los ejercicios de movimiento influyen positivamente en los órganos enfermos.

La prueba muscular kinesiológica

Uno de los campos donde la kinesiología se aplica con mayor éxito se basa en la observación de que determinadas cosas, como los remedios naturales, los alimentos o incluso otras personas, pueden darle fuerza, mientras que hay otras cosas que le debilitan. La influencia de este debilitamiento sobre los músculos, por ejemplo, se puede comprobar con una prueba muy sencilla:

● *¿Qué puede hacer?* Levante el brazo más fuerte verticalmente hasta que haga ángulo recto con su cuerpo. Ahora, otra persona tiene que empujar este brazo hacia abajo mientras que usted intenta impedirlo con todas sus fuerzas. La otra persona debería fijarse en la fuerza que utiliza para bajar su brazo. Tras un breve descanso, repita la prueba con un terrón de azúcar y otra sustancia nociva en la mano. Asombrado descubrirá que ya no dispone de tantas fuerzas para mantener el brazo vertical.

Con ayuda de la prueba kinesiológica puede analizar cualquier medicamento, alimento, pero también personas, metales o piedras para saber qué reacciones provocarán en su cuerpo. Basta con tocar el objeto o la persona durante la prueba. Si nota que tiene cada vez menos fuerza muscular mientras realiza la prueba, sabrá que el objeto que está tocando no está en concordancia con su cuerpo. Haga este ejercicio varias veces y compruébelo con su entorno, averiguando qué es bueno y qué es malo para usted. En el caso de una alergia alimenticia, puede verificar también los alimentos que va a tomar.

Sólo tiene que tener en cuenta una cosa: si usted o su compañero/a es *reverso* (véase página 56), el resultado será inverso igualmente.

Ejercitar el cerebro

Uno de los campos de estudio de la kinesiología es la kinesiología educacional, que centra su interés en los ejercicios que permiten hacer funcionar simultáneamente y en las mismas condiciones los dos hemisferios cerebrales. Se sabe que la derecha se ocupa más de la intuición, de la percepción espacial y de la sensibilidad, mientras que la izquierda se ocupa de los aspectos más racionales, meditativos y lógicos. El equilibrio se alcanza cuando ambas partes trabajan simultáneamente y en las mismas condiciones.

Si usted suele pensar más con la parte derecha del cerebro, que es más intuitiva, seguramente tendrá dificultades con materias como las matemáticas, pues el pensamiento lógico hace trabajar más la parte izquierda. Cuando los niños hacen demasiados esfuerzos con esta parte del cerebro, es posible que se produzca el denominado dolor de cabeza del escolar.

Las personas en las que la parte izquierda y más lógica del cerebro trabaja mejor que la derecha pueden ser jefes inteligentes, pero su trato con las personas no es tan bueno, pues les falta la intuición.

El que se utilice más una parte del cerebro que otra se debe al metabolismo. La causa de ello pueden ser los factores hereditarios, la alimentación, el medio ambiente y también algunos medicamentos. El utilizar casi exclusivamente una de las partes del cerebro puede producir dolor de cabeza. Existen unos sencillos ejercicios que permiten ejercitar ambas partes por igual, de modo que finalmente llegarán a trabajar al unísono.

● *¿Qué se puede hacer?* En una hoja de papel grande y preferentemente con un lápiz blando, pinte ochos tumbados (véase gráfico siguiente página). Conviene iniciar los círculos de la manera que se indica en el gráfico, es decir, con movimientos ascendentes.

Este ejercicio será más difícil, pero a la vez más efectivo, si dibuja los ochos en el aire –primero con la mano derecha y luego con la izquierda, y después con ambas manos, cruzándolas delante de la cara. Los movimientos deberían ser cada vez más amplios e incluir los brazos. También en este caso conviene iniciar los círculos con movimientos ascendentes.

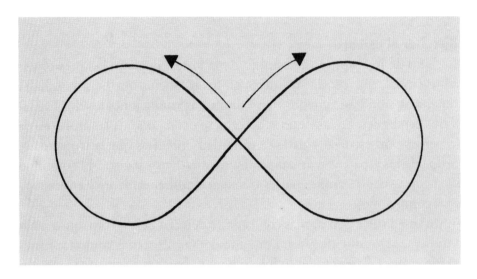

Este aspecto debería tener su «8».

Este ejercicio tendría que realizarse cada mañana durante un minuto. Si sabe que un día determinado le espera un trabajo muy duro, puede repetir el ejercicio cinco minutos antes del evento. Se dará cuenta que ello le ayuda a rendir con mayor facilidad.

Relajarse con Yoga

El yoga forma parte desde hace miles de años de la filosofía india, y es mencionado en los escritos más antiguos de la humanidad, los Vedas. El yoga debe conducir a la unión con lo divino en ocho fases, para lo cual se explican ejercicios físicos y mentales. Gracias a estos ejercicios, cuerpo y mente se entrenan de tal forma que se puede llegar a influir incluso en las funciones inconscientes del organismo. Los yoguis con años de práctica dominan su cuerpo hasta el punto de poder curar enfermedades. Muchos ejercicios de yoga conviene aprenderlos de la mano de un experto, pero para el tratamiento de su dolor de cabeza le ayudará uno de los ejercicios más sencillos que le permitirá relajarse. Este ejercicio de relajación debería practicarlo al menos dos veces a la semana.

● *¿Qué se puede hacer?* Túmbese cómodamente en una cama, un sofá o el suelo (siempre sobre una superficie blanda) y cierre los ojos. Respire libremente sin fijarse en la respiración. Ahora intente imaginarse que todo su cuerpo se concentra en el dedo gordo del pie derecho, hasta que el dedo parece calentarse. Repita este ejercicio con el dedo pequeño y posteriormente con los dedos del pie izquierdo hasta que también éstos le produzcan una sensación caliente y hormigueo.

Después hay que comenzar con el abdomen: intente sentir todo su cuerpo en el vientre hasta que éste esté caliente y note que la sangre corre por él. Después, concéntrese en el vientre, para que también éste permanezca caliente. Siga con la palma de la mano derecha y después con la izquierda. Ahora le toca al pecho: intente de nuevo sentir su cuerpo concentrado en el pecho hasta que note que se acelera su corazón. Finalmente, debe concentrar todo su pensamiento en la cabeza y el cerebro hasta sentir un calor agradable.

El ejercicio completo dura unos diez minutos. Al finalizar, abra los ojos y levántese lentamente. Se sentirá como nuevo, repleto de energía y fuerza para enfrentarse a las obligaciones diarias.

La meditación ayuda a curarse

La meditación constituye un camino para alcanzar el conocimiento, que es, según la concepción asiática, una forma de atención dirigida hacia las esferas más profundas de nuestro interior. Pero meditación significa también el intento de alcanzar un estado de equilibrio y bienestar integral a nivel físico y mental.

El componente más importante de todos los ejercicios de meditación es la respiración consciente por la nariz y que incluye también el vientre. En algunas posturas del cuerpo, como la del loto, uno se fija exclusivamente en la corriente respiratoria o, si se practica la meditación objetual, en un tema u objeto determinado. Al cabo de algún tiempo la persona alcanzará un estado de tranquilidad y relajación absolutos. Es esta relajación la que nos proporciona descanso cuando el dolor de cabeza es tensional.

● *¿Qué se puede hacer?* Elija un lugar donde sepa que no le molestarán, bien en una habitación agradable, bien en la naturaleza. La postura más adecuada, aunque no más cómoda para todo el mundo, es la del loto: la persona está sentada con las piernas cruzadas.

También puede sentarse relajado y recto en el suelo o sobre una silla, pues lo único verdaderamente importante es que sus piernas estén cruzadas. Cierre los ojos y no respire superficialmente con el pecho (respiración costal), sino profundamente con el vientre (respiración abdominal), de forma que se eleve y hunda. Respire diez veces profundamente por la nariz, expulsando el aire por la boca. Realice este ejercicio diez veces seguidas cada mañana al levantarse y con la ventana abierta o por la noche, después de una dura jornada de trabajo. Aunque haya simplificado el ejercicio, notará sus efectos relajantes y tranquilizantes. No obstante, la verdadera experiencia en la meditación la alcanzará solamente con la ayuda de un experto (véase Libros útiles, página 96).

Autotratamiento homeopático

El creador de la homeopatía, Samuel Hahnemann (1755–1843) descubrió un nuevo principio curativo mientras estaba investigando sobre la causa de los efectos de los medicamentos. Su principio de la similitud «similia similibus curentur» se basa en que una sustancia provoca en la persona sana los mismos síntomas que combate en la persona enferma. A partir de este principio comprobó la efectividad de centenares de sustancias. Para evitar un efecto tóxico, diluyó cada vez más la sustancia base hasta que descubrió que incluso muy diluidas seguían conservando sus poderes medicinales. Con estos remedios diluidos creó una medicina independiente; todavía se sigue sin poder dar una explicación clara al funcionamiento de estos remedios que han curado de forma milagrosa a un sinfín de personas. Se diría que, por tratarse de cantidades tan infinitamente pequeñas, que no pueden ser ni siquiera detectadas químicamente, quizá ocurra algo similar en el organismo: el remedio homeopático pasa desapercibido para los sistemas que reconocen en nuestro cuerpo las sustancias ajenas y por tanto puede actuar sin oposición. La palabra homeopatía viene del griego *homoios* (similar) y *pathein* (sentir, padecer).

Los remedios homeopáticos se ofrecen en diluciones (llamadas potencias) de diferente intensidad. Cuando el proceso de dilución se ha realizado en la relación de 1 a 10, se habla de potencias D (escala decimal), y en el caso de la relación 1 a 100, se habla de potencias C (escala centesimal). El número que figura después de la C o la D refleja el número de diluciones realizadas. En el caso de una potencia D 30, por tanto, se procedió 30 veces a la dilución de una sustancia siguiendo una relación de 1 a 10.

De hecho, toda sustancia puede convertirse en homeopática. Gracias a su elevada dilución, incluso se pueden utilizar sin peligro algunos agentes de enfermedades y toxinas. Este grupo de remedios homeopáticos se llaman nosodes. Estos remedios se venden elaborados a partir de una solución alcohólica que se deja caer a gotas sobre unas bolitas de lactosa (glóbulos).

Los remedios homeopáticos en las potencias recomendadas carecen por completo de efectos secundarios, ya que su efectividad no se basa en las sustancias químicas a partir de las que fueron elaborados. Más bien debe decirse que estimulan al organismo energéticamente a alcanzar su equilibrio y a llegar por sus propios medios a la curación. Las dolencias como el dolor de cabeza pueden autotratarse perfectamente con remedios homeopáticos, sobre todo cuando no se puede consultar a un médico.

● *¿Qué se puede hacer?* Para el autotratamiento de su dolor de cabeza debe seleccionar el método más adecuado. Para ello, conviene tener conocimientos amplios sobre el dolor de cabeza (véase Autoobservación, página 9).

Cómo tomar los remedios:

En casos normales, no tome potencias superiores a D4 o D6; según su presentación, se toman 3 × 5 glóbulos, 3 × 1 tabletas o 3 × 5 gotas.

Sólo cuando encuentre otra indicación debe seguirla.

Cuando el dolor de cabeza es agudo se diluyen 5 glóbulos, 1 pastilla o 5 gotas del remedio elegido en un vaso de agua del que se bebe un sorbo cada 10 minutos.

Cuando los remedios tienen una potencia de D 30 se toman 5 glóbulos una vez al día o a la semana.

Si el dolor de cabeza no perdiera intensidad al cabo de unas tres horas, no ha elegido el remedio adecuado. En este caso, consulte a un terapeuta. No conviene tomar ninguno de los remedios más de tres meses.

Abuso de alcohol

Nux Vomica D6 (5 glóbulos): cada 15 minutos, durante unas tres horas.

Alergias

Tal como ya se ha dicho, una alergia sólo puede curarse si se elimina la tendencia hacia esta enfermedad (véase página 25). Para ello, un terapeuta tiene que regular el metabolismo. Por su parte, puede iniciar una regulación del valor pH para eliminar el exceso de ácidos en el organismo (véase Adiós a la acidez, página 60).

Dolor de cabeza de envejecimiento

Ginseng D4 (3 × 1 tabletas al día): Para personas mayores y débiles con trastornos circulatorios.

Gelsemium D4 (3 × 5 glóbulos al día): Para personas mayores con náuseas, consecuencia de la esclerosis.

Cansancio de la vista

China D6: Dolor simultáneo en cabeza y estómago; cuando el alivio se produce agachándose; cuando, después de esforzarse, se origina el dolor cerca de los ojos.

Ruta D6: Presión en las cavidades orbitarias; dolor de cabeza después de cansarse la vista por leer o coser demasiado, por cansancio o abuso del alcohol.

Trastornos de vejiga

Cantharis D4 (3 × 5 glóbulos al día): Dolor o quemazón al orinar.

Berberis D3 (3 × 5 glóbulos al día): El remedio por excelencia para la vejiga.

Dulcamara D6 (3 × 5 glóbulos al día): Consecuencia de tiempo húmedo.

Presión sanguínea alta

Aurum metallicum D4 (3 × 1 tabletas al día): Presión elevada en la cabeza; cabeza caliente y enrojecida.

Viscum album D4 (3 × 5 glóbulos al día): Presión sanguínea elevada; debilidad y rostro pálido.

Rauwolfia D12 (2 × 5 glóbulos al día): Presión sanguínea elevada y miedo.

Presión sanguínea baja

Mezcla de gotas de *Arnica D15* y *Veratrum D4* a partes iguales (sin receta en la farmacia). Cuando los cambios de presión sanguínea son frecuentes o siente mareos, tome 10 gotas.

Anemia véase carencia de hierro (página siguiente)

Oscilaciones del azúcar en sangre

El autotratamiento sólo debe instaurarse después de realizar una terapia médica, que siempre será imprescindible.

Acidum phosphoricum D12 (2 × 5 glóbulos al día): Tonifica el páncreas.

Datisca D4 (3 × 4 glóbulos al día): Para alteraciones del metabolismo; diabetes.

Diarrea

Arsenicum album D30 (3 × 5 glóbulos al día): Remedio principal; en el inicio de la diarrea se puede repetir la toma tres veces cada media hora, incluso cuando ya ha vomitado bilis. También es un buen remedio para las intoxicaciones cárnicas.

Carbo vegetabilis LM6 (3 × 5 glóbulos al día): Para diarrea constante, con tendencia al colapso, debilidad circulatoria y sensación de frío.

Podophyllum D6 (3 × 5 glóbulos al día): Cuando las heces son acuosas y verdosas acompañadas de gases y cólicos gástricos. El estómago desarrolla una sensibilidad extrema ante cualquier presión, incluso la de los vestidos. Las dolencias mejoran al doblarse para delante.

Aloe D6 (3 × 5 glóbulos al día): Para gases y cuando se expulsa mucosidad.

Uzara D4 (3 × 5 glóbulos al día): Diarreas vacacionales.

Chelidonium D3 (3 × 5 glóbulos al día): Se toma como complemento en intoxicaciones hepáticas, durante al menos tres semanas.

Carencia de hierro

Ferrum phosphoricum D4 o *Ferrum metallicum D6* (3 × 1 tabletas al día): Remedio principal.

Ácido fólico (1 × 1 pastilla al día) y en todo caso Vitamina B_{12}, presentada bien en ampollas bebibles o –mejor aún– en forma de inyecciones intramusculares (1 × semana), además de *Cuprum D6* (3 × 1 tableta al día): Estos remedios mejoran la asimilación del hierro de los alimentos, pues el hierro sólo se reabsorbe cuando existe bastante vitamina B_{12}, ácido fólico y cobre.

Dolor de cabeza de relajación (migraña de fin de semana)

Iris D4 (3 × 1 tableta al día): Este remedio hace aumentar la secreción de la bilis; se utiliza cuando tiene una sensación tensa en el cuero cabelludo y está más afectada la sien derecha; dolor de cabeza con mareos y vómitos biliares; los típicos dolores de cabeza durante el fin de semana tras días de trabajo duro.

Trastornos biliares

Aranea avicularis D6 (3 × 5 glóbulos al día): Para espasmos biliares.

Taraxacum D3 (3 × 5 glóbulos al día): El remedio biliar por excelencia.

Hydrastis D6 (3 × 5 glóbulos al día): Para espasmos biliares.

Cambios bruscos de estado de ánimo

Ignatia D30 (5 glóbulos en caso de necesidad): Cuando dominan los pensamientos obsesivos.

Agaricus muscarius D30 (5 glóbulos en caso de necesidad): Dolor de cabeza causado por la excitación; deseos de dejarlo todo.

Moschus D30 (5 glóbulos en caso de necesidad): Dolor de cabeza con histeria; también la histeria que se manifiesta con temblores internos.

Síndrome cervical

Menyanthes D4 (3 × 1 tabletas al día): Dolor de cabeza con pesadez y mareo; presión de arriba a abajo, combinado con dolores del trigémino; mejora cuando se aprieta fuertemente la cabeza con la mano, empeora subiendo escaleras; también estimula la función gástrica y combate los espasmos musculares.

Trastornos cardíacos

Zincum valerianum D4 (3 × 5 glóbulos al día): Para relajarse.

Passiflora D3 (3 × 5 glóbulos al día) y *Avena sativa D2* (3 × 5 glóbulos al día): La mejor combinación somnífera para las noches antes de acostarse.

Hambre, mejora comiendo

Mandragora D6 (3 × 1 tabletas al día): Para dolor de cabeza pulsante, persistente, insistente y agudo, que empeora al agacharse; gran cansancio, mareo, zumbido en los oídos, sensación de calor en la cabeza; sequedad en la boca; estreñimiento, dolor de cabeza debido a insolación, antes de una tormenta, después de esfuerzo físico; en caso de estómago vacío, mejora comiendo.

Phosphorus D12 (2 × 5 glóbulos al día): Dolor intenso; aflujos de sangre a la cabeza; cansancio cerebral con sensación de frío en la parte posterior de la cabeza; mareos y debilidad; sensación de estiramiento del cuero cabelludo, prurito en el cuero cabelludo; caída de cabello en grandes mechones; inflamación de las mucosas; erupciones ácidas y sabor ácido en la boca; hambre después de comer.

Psorinum D30 (5 glóbulos en caso de necesidad): En caso de despertarse por la noche a causa del dolor de cabeza, como si le hubieran dado un golpe; dolores de cabeza crónicos; hambre durante un ataque de dolor; mareo; sensación de cabeza «demasiado grande»; dolor persistente y opresivo en la parte posterior de la cabeza.

Iodum D6 (3 × 1 tabletas al día): Afluencia de sangre a la cabeza y dolor pulsante; mareo que se agrava al agacharse; dolor de cabeza en personas mayores; hambre canina con mucha sed, eructos.

Ataques de histeria
Moschus D30 (3 × 5 glóbulos a intervalos de media hora).

Infección
Antibiótico homeopático: *Lachesis D12*, *Echinacea D5* y *Pyrogenium D15*, 10 ml de cada uno. El primer día: 5 gotas cada 15 minutos; posteriormente, 3 × 10 gotas al día).

Cefaleas espasmódicas
Cuprum metallicum D6 (3 × 1 tabletas al día): Para dolores constrictivos y tensionales y fuertes pulsaciones en la cabeza; para dolores tironeantes en la frente.

Cuprum aceticum D4 (3 × 1 tabletas al día): Sensación de «vacío» en la cabeza; dolor punzante y latidos y calor en la sien y la frente; tendencia a bostezar y llorar.

Zincum metallicum D4 (3 × 1 tabletas al día): Para dolor en la parte posterior de la cabeza; después de haber bebido un poco de vino; movimiento automático de cabeza y manos; relacionado con cansancio mental; dolor de cabeza en niños con fuerte tensión escolar, a veces acompañado de miedo.

Trastornos circulatorios

Presión sanguínea alta:

Aurum D4 (3 × 1 pastilla al día): En personas fuertes.

Viscum album D4 (3 × 5 glóbulos al día): En personas débiles.

Rauwolfia D12 (2 × 5 glóbulos al día): Con estados de miedo.

Presión sanguínea baja:

Veratrum D4 (3 × 5 glóbulos al día).

Sobrecargas hepáticas

El dolor de cabeza detrás de las órbitas es señal de que se encuentran alteradas las funciones hepáticas.

Cardus marianus D2 (3 × 1 tabletas al día): En caso de tendencia al estreñimiento.

Chelidonium D4 (3 × 5 glóbulos al día): Con tendencia a la diarrea.

Okoubaka D3 (3 × 5 glóbulos al día): Cuando hay normalidad digestiva.

Hinchazón de los ganglios linfáticos

En este caso puede tomar una mezcla de gotas de *Lachesis D12, Echinacea D5* y *Phytolacca D3*, a partes iguales mezcladas con 30 ml de alcohol (esta mezcla también la puede encontrar en la farmacia). Se toman diariamente 3 × 10 gotas.

Trastornos estomacales

Robinia D4 (3 × 5 glóbulos al día): En el exceso de acidez.

Nux vomica D6 (3 × 5 glóbulos al día): Después de haber bebido demasiado alcohol.

Amargo sueco: Tras haber comido demasiado.

Arsenicum D30 (1 × 5 glóbulos al día): Para vómitos y diarrea después de haber comido mal.

Otitis media

Otitis media nosada (1 × 1 ampolla al día, durante tres días).

Chamomilla D6 (3 × 5 glóbulos al día).

Ferrum phosphoricum D12 (2 × 5 glóbulos al día).

Sangrado de nariz que mejora el dolor de cabeza

Bellis perennis D12 (2 × 5 glóbulos al día): Dolor que va de la parte posterior de la cabeza hacia adelante; sensación de estiramiento en la frente; dolor como de un golpe, mareos en el caso de personas mayores. Este remedio influye en los vasos sanguíneos y es útil para las varices durante el embarazo.

Glonoinum D6 (3 × 5 glóbulos al día): Aflujos de sangre a la cabeza; congestión después de estar expuesto al calor; desorientación con mareo; pesadez de la cabeza, mejora al reposar en la almohada; consecuencias de una insolación; dolor en la cabeza pulsante; neuralgia constrictiva en la cabeza y en la cara; sensación de agrandamiento, como si el cráneo fuera demasiado pequeño para el cerebro; irritabilidad; peligro de apoplejía; dolor de cabeza que aumenta con el sol.

Mellilotus D6 (3 × 1 tabletas al día): Dolor de cabeza acompañado de mareo y vómitos; sensación de estrechez en toda la cabeza; presión sobre los ojos; pulsaciones en la frente; sensación ondulante en el cerebro; puntos negros ante los ojos («moscas volantes»); palidez; frío en manos y pies, alivio cuando sangra la nariz o se producen hemorragias menstruales; este remedio sirve también para hemorragias y cuando la sangre afluye a la cabeza.

Sangrado de nariz durante la pubertad y la menopausia

Crocus D4 (3 × 1 pastilla al día): dolor intenso y pulsante durante la menopausia y la menstruación; en los ojos, sensación como si se hubiera llorado mucho o como si hubiera entrado humo en ellos; la nariz sangra (sangre oscura y coagulada). Este remedio también se utiliza para el estreñimiento crónico o el estreñimiento infantil.

Trastornos renales

Apis D4 (3 × 5 glóbulos al día): Si hay también inflamación.
Solidago D2 (3 × 5 glóbulos al día): El mejor remedio para los riñones.
Phosphorus D12 (2 × 5 glóbulos al día): Para hemorragias.

Trastornos menstruales

● *¡Estos remedios no se deben tomar durante el embarazo!*
Aristolochia D12 (2 × 5 glóbulos al día): El dolor mejora al aire libre y cuando se aplican compresas frías, y empeora cuando se agacha o du-

rante la menstruación; para espasmos menstruales o dolor del vientre antes de la menstruación; mejora cuando se tiene un resfriado.

Pulsatilla D4 (3 × 5 glóbulos al día): Dolor punzante y errático en la cabeza, se irradia hacia el rostro y los dientes: mareo; cuando se ha trabajado en exceso, acompañado de llanto; deseo de estar al aire libre, malhumor; agobiado por la sensación de frío.

Sepia D12 (2 × 5 glóbulos al día): Mareo y sensación como si algo se moviera de un lado a otro en la cabeza; dolor punzante del interior al exterior y de arriba a abajo, sobre todo a la izquierda de la frente; mareo, vómitos; ataques agudos de dolor de cabeza cuando empieza a llover; sensación de frío incluso en habitaciones bien caldeadas; dolor de cabeza pulsante cerca de la unión entre cráneo y cervicales (nuca); después de excitarse mucho.

Debilidad causada por pérdida de líquido

China D4 (3 × 1 tabletas al día): Junto con una irritabilidad nerviosa, se tiene la sensación como si el cerebro se moviera de un lado a otro; dolor de cabeza espasmódico y astringente con palpitaciones intensas; mareo al caminar; cuero cabelludo sensible al peinarse.

Acidez de estómago

Robinia D4 (1 pastilla cada 15 minutos): remedio principal hasta que desaparecen las dolencias; además, preparados de calcio según el remedio reconstitutivo (véase página 61).

Magnesium phosphoricum D6 (3 × 1 tabletas al día): Sensación de caerse hacia adelante cuando se cierran los ojos; hipo con dificultades para tragar, sed de bebidas calientes tanto de día como de noche, mareo al moverse.

Alumina D6 (3 × 5 glóbulos al día): Sequedad de las mucosas.

Esfuerzos excesivos

Argentum metallicum D30 (5 glóbulos al día): Para neuralgias; extrema sensibilidad del cuero cabelludo; mareos; ojos hinchados y rojos; dolor en los huesos de la cara entre el ojo izquierdo y la parte superior de la frente.

Argentum nitricum D12 (2 × 5 glóbulos al día): Para dolor de cabeza acompañado de frío y temblores; sensación de agrandamiento; cansancio mental con debilidad generalizada; mareo con zumbido en los oídos y dolencias nerviosas; sensación como si los ojos se hicieran más grandes; mejora mediante vendajes o presión; ganas de comer dulces; intolerancia ante el calor; migraña causada por alteraciones emocionales; dolor de cabeza causado por esfuerzos intelectuales excesivos o por bailar.

Heridas

Arnica D12 (2 × 5 glóbulos al día): Es el primer remedio para las heridas, tanto para el dolor de cabeza punzante como para prevenir los efectos indeseables de una herida.

Hypericum D6 (3 × 5 glóbulos al día): Sensación como si el cerebro estuviera oprimido; el dolor se encuentra más bien en la parte derecha del rostro; también para neuralgias faciales, dolor de muelas, dolor de ojos y de oídos.

Ruta D6 (3 × 5 glóbulos al día): Refuerza la elasticidad de las paredes de los vasos.

En caso de heridas también puede tomarse la siguiente preparación: Arnica D12, Ruta D6 y Hypericum D4 (10 ml de cada uno). En casos graves, 5 gotas cada 10 minutos durante unas 3 horas.

Estreñimiento

Aloe D2 (3 × 1 tabletas al día) y *Rheum D2* (3 × 1 tabletas al día): Constituye una ayuda rápida.

Plumbum metallicum D12 (2 × 5 glóbulos al día): Para cólicos con el vientre duro.

Alumina D6 (3 × 5 glóbulos al día): Estreñimiento sin necesidad de evacuar; heces secas.

Sepia D12 (2 × 5 glóbulos al día): Sensación de tener una bola en el recto; heces voluminosas y duras.

Nux vomica D6 (3 × 5 glóbulos al día): Después de una fuerte carga psíquica.

Crecimiento demasiado acelerado

Acidum phosphoricum D12 (2 × 5 glóbulos al día): Debilidad general; cansancio mental, físico y nervioso; para personas jóvenes que crecen rápidamente, pero que están expuestas a exigencias mentales y físicas excesivas; un buen remedio para el tratamiento adicional de la diabetes y en general para tonificar el páncreas.

Acidum nitricum D12 (2 × 5 glóbulos al día): Cuando el valor pH de la mañana, en ayunas, está por encima de 7.

Calcium phosphoricum D12 (2 × 5 glóbulos al día): Indicado para niños que han crecido demasiado rápidamente y que tienen dolores óseos o que sufren de una columna vertebral débil; para el dolor de cabeza causado por el trabajo escolar.

Sensibilidad ante los cambios climáticos

Rhododendron D6 (3 × 1 tabletas al día): Dolores de cabeza causados por un tiempo seco y caluroso; dolencias reumáticas agravadas por el cambio de tiempo.

La correcta utilización de las flores de Bach

Si su dolor de cabeza o su migraña hubieran aparecido como consecuencia de una carga psíquica o de una experiencia emocional muy dura, las flores de Bach le ayudarán a resolver buena parte de los trastornos creados.

Las flores de Bach llevan el nombre de su descubridor, el médico inglés Edward Bach, quien quería encontrar un tratamiento sencillo que se pudiera aplicar todo el mundo. Gracias a su gran sensibilidad desarrolló una intuición que le permitió descubrir las plantas con efectos beneficiosos. Curiosamente, descubrió casi sólo plantas silvestres no tóxicas a las que hasta entonces nadie había prestado demasiada atención.

Usted puede utilizar las flores de Bach como terapia individual para tratar los problemas psíquicos. No obstante, también constituyen un excelente tratamiento adicional, que se instaura paralelamente a otras terapias siempre que se quiera alcanzar el equilibrio psíquico. Existe una flor para cada trastorno psíquico, sea miedo, debilidad, hiperactividad, inseguridad o cansancio mental o físico.

Existen 38 remedios florales del doctor Bach que influyen en el estado de ánimo y la psique de la persona. Además, existe una preparación de flores (la número 39) llamada «remedio de urgencia» (gotas de primeros auxilios). Todas las flores de Bach llevan un número que han recibido según el orden alfabético y que ayuda a identificar los remedios con más comodidad.

● *¿Qué se puede hacer?* Tómese su tiempo para leer las descripciones de las flores que le ofrecemos a continuación e intente, basándose en las aplicaciones que se describen, encontrar aquella flor que le pueda ayudar en este preciso instante. El terapeuta o la farmacia puede proporcionarle las diluciones listas para consumir. Al día tiene que tomar 3 veces 5 gotas hasta que hayan desaparecido los síntomas.

En caso de bloqueos

7 Castaño de Indias (yemas): Para cuando se vuelven a cometer siempre los mismos errores, porque las experiencias no se asimilan realmente y no se aprende de ellas.

9 Clemátide: Para cuando uno presta poca atención a todo lo que le rodea y se encuentra absorto en sus pensamientos.

12 Genciana: Escepticismo, pesimismo; constantes dudas y a veces, desilusión.

13 Aulaga o Tojo: Falta de esperanzas, resignación, sensación de que nada tiene sentido.

15 Acebo: Irritabilidad, celos, desconfianza, odio; por ello se bloquean las chakras y el flujo energético, lo cual puede dar lugar a migraña.

16 Madreselva común: Añoranza del pasado o remordimientos por algo que se ha hecho hace tiempo. No se vive en el presente.

21 Collejón: Períodos de profunda tristeza van y vienen repentinamente, sin causa clara.

28 Scleranthus: Indecisión, cambios bruscos de humor, falta de equilibrio interno. Las opiniones o el estado de ánimo pueden cambiar de un momento a otro.

En caso de infecciones

10 Manzano silvestre: Uno se siente interna o externamente sucio o infectado. Actitud pedante.

Aspiraciones de poder

8 Achicoria silvestre: Del entorno se espera dedicación completa, mientras la actitud propia es de acaparamiento.

32 Vid: Uno quiere dominar con fuerte personalidad e imponer la propia voluntad.

En caso de shock

Remedio de urgencia: Gotas de primeros auxilios, combinación de esencias de Prunus cerasifera (n.º 6), Helianthemun numumlariun (n.º 25) y Ornithogalum umbellatum (n.º 29), entre otras. Para experiencias duras han producido un desequilibrio o una tensión interna ante futuros acontecimientos. Para dolor de cabeza causado por un shock o experiencias dolorosas.

Para estrés y excesos

3 Haya: Se condena a los demás sin compasión, exceso de crítica y falta de tolerancia.

6 Mirobalano: Uno tiene dificultades para abrirse a los demás; miedo ante peligrosas acciones psíquicas y temperamentales; actos incontrolados.

11 Olmo inglés: Durante algún tiempo, sensación de no estar a la altura de las circunstancias.

17 Carpe u Hojarazo: Creencia de ser demasiado débil para enfrentarse a los deberes de cada día, aunque finalmente sí se consiga.

22 Roble albar o Carballo: Sensación de ser un luchador que, a pesar del abatimiento y el cansancio, sigue valerosamente hacia adelante sin desfallecer.

23 Olivo: Cansancio, todo parece ser superior a las propias fuerzas. Extenuación física y psíquica.

26 Helianthemum nummularium: Pánico y terror internos.

29 Leche de pájaro: Es la ayuda espiritual para cuando no se ha superado aún física o psíquicamente una fuerte conmoción.

30 Castaño: Creencia de haber alcanzado los límites de lo humanamente soportable; sensación de encontrarse internamente en un callejón sin salida.

31 Verbena: Con la emoción del que piensa que está luchando por una buena causa se gastan las energías, llegando a la irritabilidad y el fanatismo.

34 Violeta de agua: Sensación de aislamiento interno y sentimientos de superioridad.

Cuando se intenta pasar por alto alguna cosa

1 Agrimonia: Intento de ocultar los pensamientos tormentosos y el nerviosismo interno tras una fachada de alegría y despreocupación. La acumulación de problemas provoca dolor de cabeza.

4 Centaurea menor: Incapacidad para decir no, falta de voluntad y reacción excesiva ante los deseos de los demás, hasta enfermar (incluyendo el dolor de cabeza).

25 Castaño de flor roja: Se preocupa más por los problemas de los demás que de los propios.

27 Agua de roca (es agua de manantial del volcán Mount Shasta en Estados Unidos): Comportamiento demasiado duro con uno mismo, opiniones duras e irrevocables, intento de olvidarse de necesidades vitales.

33 Nogal: Influenciabilidad, indecisión durante las fases cruciales de un nuevo comienzo en la vida.

En caso de tensiones

2 Álamo temblón: Miedos y premoniciones vagas e inexplicables. Temor ante un mal desconocido.

14 Brezo común: Egocentrismo, sólo piensa en sí mismo y necesita mucho público. Necesidades como un niño pequeño.

5 Ceratostigma willmottiana: Falta de confianza en sus opiniones.

18 Hierba de Santa Catalina: Impaciencia, irritabilidad y reacciones desmesuradas.

19 Alerce: Complejos de inferioridad, falta de confianza en sí mismo; siempre se espera cometer algún error.

20 Mimulus guttatus o M. luteus: Timidez, temores, miedo incluso ante las cosas más insignificantes.

24 Pino albar: Sentimientos de culpabilidad.

35 Castaño de Indias: Incapacidad para deshacerse de determinadas ideas, en las que no se puede dejar de pensar. Conversaciones y diálogos consigo mismo.

36 Avena silvestre: No sabe exactamente qué quiere conseguir; insatisfacción porque no sabe qué objetivo ha de tener su vida.

37 Rosa silvestre: Apatía, se abandona internamente.

38 Sauce: Amargura y resentimiento. Se cree ser víctima del destino.

Cambiar de forma de vida

El dolor de cabeza es, en ocasiones, una señal de alerta que indica que el organismo soporta cargas demasiado grandes y que la forma de vida de la persona supone un excesivo estrés. ¡Cuántas personas se levantan por la mañana y se van corriendo al trabajo, tras una breve higiene, sin haber desayunado siquiera! Nuestras vidas tienden cada vez más a ese ritmo. Muchas personas sólo tienen tiempo para tomarse un café, a lo sumo, con lo que están *ácidos* todo el día, y para fumar un cigarrillo, pero no para evacuar tranquilamente sus intestinos. En el trabajo tampoco suelen tener tiempo para comer, al contrario: se fuma y se toma más café para estar bien despierto. Por la noche se hacen algunas compras de urgencia y se come en abundancia, a ser posible en un local cargado de humo, donde también se toman algunas copas. Y hacia medianoche o incluso más tarde llega por fin el momento de acostarse.

En nuestra «sociedad del bienestar», este cuadro se repite a diario en la vida de la mayoría de las personas que trabajan más allá de lo que sería deseable. Pero, ¿por qué reacciona con dolor de cabeza el organismo cuando nuestra forma de vida no es correcta? ¿Por qué es malo dormir poco, acostarse tarde y vivir todo el día con estrés?

Para ello, estudiemos el sistema nervioso vegetativo, cuyo funcionamiento es regulado por dos contrarios, el simpático y el parasimpático.

El estrés de nuestra forma de vida influye en el sistema nervioso vegetativo, aquella parte de nuestro sistema nervioso que regula las funciones del organismo sin que seamos conscientes de ello. Durante las fases de estrés, el sistema nervioso vegetativo bloquea las funciones de algunos órganos internos, y si todo el sistema tiene que trabajar demasiado duro durante mucho tiempo, caemos enfermos.

Por las mañanas, después de levantarnos, empieza su actividad el simpático, aquella parte del sistema nervioso vegetativo que se ocupa de las fases activas. Acelera el ritmo cardíaco y aumenta la presión sanguínea. A partir de ese momento se reduce la actividad de las glándulas, del peristaltismo y de los mecanismos de evacuación de la vejiga y de los intestinos, mientras que se dilatan las pupilas (midriasis). Con ello la persona ya está preparada para el día.

El parasimpático es el elemento responsable de la relajación. Su actividad principal no empieza hasta la noche, pero sigue trabajando hasta que la persona se despierta. Decelera el ritmo cardíaco y la respiración, pero pone en marcha la actividad glandular y el peristaltismo (movimientos intestinales). Bajo su influencia se vacían la vejiga y los intestinos. Estimula la sexualidad –la erección, en el caso del hombre– y contrae las pupilas (miosis). Con ello, la persona está preparada para el sueño.

Si por la noche no consigue conciliar el sueño, es posible que la actividad del simpático sea demasiado intensa, mientras que se encuentra debilitado el parasimpático. Y si no consigue levantarse por las mañanas, ocurre todo lo contrario. Lo mejor es que ambas partes del sistema nervioso vegetativo estén equilibradas en duración e intensidad. Si se destruye este equilibrio, se produce un trastorno psíquico que los médicos denominan distonía vegetativa. Ésta se manifiesta con temblores, nerviosismo, problemas cardíacos y circulatorios, mareos y dolores de cabeza, y es consecuencia de una carga excesiva, del tabaco y del estrés.

También el reloj de orgánico (véase página 16) juega un papel fundamental para el correcto funcionamiento del organismo. Durante el horario de mayor actividad de los intestinos, entre las 5 y las 7 de la mañana, deberían evacuarse los intestinos. Entre las 7 y las 9 se da el momento de mayor actividad del estómago, por lo que es el momento indicado de tomarse un buen desayuno. Entre las 13 y las 15 es la hora del intestino delgado. Media hora antes, es decir, entre las 12:30 y las 14:30, conviene tomar la comida, pues así podrá estar seguro de digerirlo todo bien. La mejor hora para hacer el amor es entre las 19 y las 21 horas, el momento de mayor actividad de la circulación y de la sexualidad. Tenga la disciplina necesaria para acostarse entre las 21 y las 23 horas, cuando empiezan su actividad las glándulas encargadas del descanso y el reposo.

● *¿Qué se puede hacer?* Viva según las normas que le enseña su cuerpo sobre el sistema nervioso vegetativo. Las personas que no se rigen por su reloj interno sufren más trastornos vegetativos y enfermedades psicosomáticas. Entre las reglas del juego del reloj interno figura la obligación de seguir el ritmo de estar despierto/dormido y la necesidad de adaptar consecuentemente los hábitos de comida. Muchas personas no se sienten bien durante las vacaciones porque ya no consiguen adaptar la vida diaria a sus necesidades internas. Obsérvese durante algunos días y compare los resultados con el reloj orgánico. Cuando el momento de actividad máxima de sus órganos concuerde con el horario de su reloj orgánico estará viviendo según el ritmo biológico.

● *¿Cómo es un día ejemplar?* Levántese entre las siete y las ocho y vaya cuanto antes al lavabo. Entre las ocho y las nueve conviene desayunar: una infusión, a ser posible de hierbas, pan con un poco de mantequilla y queso, y cereales con yogur. A las once puede comer un poco de fruta y, si quiere, una taza de café. A las 13 horas ha llegado la hora de la comida: una sopa caliente y luego, el plato principal. Entre las 15 y las 16 horas puede comer alguna cosa y a las 19 horas, cenar ligero.

Es importante que cada día camine durante al menos una hora o que practique deporte. Por la noche, relájese y acuéstese entre las 22 y las 23 horas para dormir. Normalmente, una persona necesita entre 7 y 8 horas de sueño.

¿Qué ventajas tiene una dieta?

Se ha escrito tanto sobre las dietas que muchas personas no saben ya cual de las muchas afirmaciones contradictorias es cierta y cual no. Tenga en cuenta que cada persona es diferente, que sus reacciones son totalmente individuales y que necesitaría una dieta adaptada individualmente. Por ello resulta tan difícil dar consejos válidos para todas las personas. Además, no existe alimentación que en todo momento sea sana o nociva. Según el estado de salud o el cuadro clínico, es posible que sea sano lo que en otro momento sería nocivo. Incluso una dieta individualizada tiene que regirse por el estado de salud actual de la persona. Finalmente, quisiera destacar que ninguna dieta puede sustituir un tratamiento necesario, a no ser que la enfermedad se deba a una alimentación incorrecta. Sólo cuando no existe posibilidad de curación, como en el caso de la diabetes o de algunas enfermedades hereditarias, puede seguirse una dieta para aliviar los síntomas. En todos los demás casos, la terapia hará innecesario el seguimiento de una dieta.

Esto no quiere decir que hay que despreocuparse por los aspectos de la alimentación. Algunas normas son tan básicas que deberían respetarse en todos los casos. En el caso del dolor de cabeza causado por alergias alimenticias, hay que tener en cuenta lo siguiente:

Prohibido	Permitido
Leche de vaca	Leche de soja, leche de cabra y de yegua; productos lácteos, nata, kéfir
Sustancias conservantes Colorantes, emulgentes	(puesto que se pueden evitar: prueba kinesiológica)
Azúcar y dulces	Fructosa, miel
Carne y embutidos, carne de cerdo	Pescado, pavo, pollo, ternera y en ocasiones, buey

La medida dietética más importante es: ¡comer poco!

Los centros energéticos de la persona: los chakras

Para entender la teoría de los chakras hay que saber primero qué es la energía. La energía es la fuerza que se encuentra en todas las cosas, independientemente de que sean radiaciones, materias muertas o seres vivos. La vida de nuestro planeta depende de la energía que nos llega del universo y, principalmente, del sol. La energía llega en forma de radiaciones energéticas (como es el caso de la luz); y las plantas, por ejemplo, la transforman en sustancias nutritivas ricas en energía. En última instancia, de estos productos se alimentan todos los animales y seres humanos. Dicho de otra manera: la vida en nuestro planeta depende de la energía que recibimos.

La teoría de los chakras se ocupa de todas las formas de energía relacionadas con el hombre. En esta teoría, se distinguen siete centros energéticos denominados chakras (véase gráfico página 86).

Chakra significa rueda, y ello expresa que estos centros energéticos están en constante movimiento circular. Gracias al movimiento giratorio de los chakras se atrae energía hacia el centro de los chakras o, si el movimiento giratorio es inverso, se expulsa y se desprende energía.

Cada chakra tiene su propio sentido de giro, pero en el hombre y la mujer el sentido de giro de una chakra determinado es siempre inverso. Si gira hacia la derecha se desprende energía, y esto representa el componente masculino Yang, símbolo de la voluntad y de la actividad y, cuando se acentúa el carácter negativo, agresividad y violencia. El giro hacia la izquierda atrae energía y representa el componente femenino Yin, símbolo de la sensibilidad y de la conjunción, aunque implica debilidad cuando se acentúa el carácter negativo.

Pero, ¿qué sentido práctico tienen los chakras para nosotros y para nuestra salud? Los chakras asimilan toda la energía del medio que se corresponde con sus frecuencias. Por ello, los diversos chakras se ocupan cada uno de una energía diferente. Gracias a los chakras nos desprendemos del exceso de energía que hemos ido acumulando y llenamos los depósitos energéticos que empezaban a vaciarse.

El intercambio energético es de suma importancia para nuestra salud, puesto que tanto un exceso como una falta de energía puede afectarle negativamente.

Probablemente sea ésta la forma en que se transmiten las vibraciones curativas, y en que las personas podemos influir positiva o incluso negativamente en situaciones concretas y hasta en la materia.

Para que el intercambio energético pueda producirse con total libertad, los chakras han de estar completamente abiertos. No obstante, esto no ocurre siempre. Hemos aprendido a controlar el intercambio energético con otras personas mediante el tipo de apertura. En ocasiones puede pasar también que uno o incluso varios chakras se encuentren bloqueados: esto ocurre cuando sentimos miedo durante mucho tiempo, pues eso crea una tensión interna y un bloqueo cuya consecuencia será el dolor de cabeza.

● *¿Qué se puede hacer?* Para restablecer su salud conviene eliminar los bloqueos de los chakras, y esto no sólo en caso de dolor de cabeza y migraña. Únicamente la persona que tenga todos sus chakras abiertos vive de forma sana y en armonía con el medio. La prueba kinesiológica de la musculatura (véase página 62) le ayudará a descubrir qué chakras están

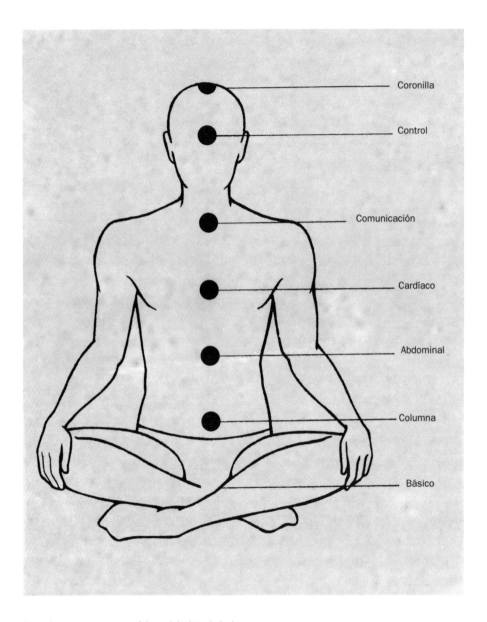

Los siete centros energéticos (chakras) de la persona.

afectados. No obstante, y como esto suele ser una tarea compleja, conviene consultar a un terapeuta al respecto (véase Direcciones útiles, página 97). Intente activar el chakra afectado mediante la terapia de colores (véase página 88) o la terapia de piedras preciosas (véase página 91) hasta que se abra completamente. Para ello, hay que utilizar un color o una piedra determinada:

Primer chakra (centro básico): Color rojo; piedras: amatista, jaspe sanguíneo (verde–rojo), granate, coral rojo, rubí.

Segundo chakra (centro columna): Color naranja; piedras: carneolita, piedra de luna.

Tercer chakra (centro abdominal): Color amarillo; piedras: ojo de tigre, topacio.

Cuarto chakra (centro cardíaco): Colores verde y rosa; piedras de color rosa: cuarzo rosa, turmalina; piedras verdes: esmeralda, jade.

Quinto chakra (centro de comunicación): Colores azul celeste y plata; piedras: aguamarina, turquesa, calcedonia.

Sexto chakra (centro de control): Color azul índigo; piedras: lapislázuli, zafiro.

Séptimo chakra (centro coronilla): Colores violeta, blanco y dorado; piedras: amatista (violeta), cuarzo blanco.

Aromaterapia

La base de la aromaterapia son los aceites esenciales que se llaman también «alma» de las plantas. Son sustancias olorosas volátiles como las que se utilizan para los caramelos de eucalipto. Las plantas producen aceites volátiles para defenderse de enfermedades, para ahuyentar insectos y para influir en su crecimiento y reproducción. Todo alimento vegetal contiene aceites esenciales. Estas sustancias no suelen ser nocivas para el ser humano, pero, sin embargo, algunos de estos aceites eliminan gérmenes víricos y bacterianos. También curan heridas, conservan carne y retardan los procesos de descomposición. Los aceites esenciales estimulan la curación natural tonificando el sistema de defensas del propio organismo. Cuando se utilizan como perfumes o aceites para masajes, estimulan con su olor los centros olfativos cerebrales, con lo que pueden influir en las emociones, la memoria, el comportamiento sexual y el instinto.

Los olores nos ayudan a relacionarnos con el medio. Nos advierten cuando los alimentos están podridos, nos ayudan a elegir los platos más indicados y pueden evocar recuerdos agradables y desagradables: algunas personas se marean con el simple olor a hospital. Los olores pueden provocar sensaciones intensas, como el olor de una persona desagradable para nosotros. Los olores nos influyen constantemente y, sobre todo, de forma inconsciente, por lo que nos resulta imposible sustraernos a su influencia.

La aromaterapia aprovecha los conocimientos sobre los efectos de las sustancias aromáticas. Gracias al intenso efecto directo sobre el cerebro y el estado anímico, las sustancias olorosas pueden utilizarse para relajar y tranquilizar y, por tanto, también para eliminar las dolencias causadas por la tensión y el estrés, como es el dolor de cabeza. Para ello, los aceites esenciales se aplican localmente sobre la piel.

Los aceites esenciales se pueden conservar durante mucho tiempo, pero se evaporan fácilmente y no se deben exponer a la luz ni a las temperaturas extremas. Por ello, deben conservarse en recipientes oscuros en un lugar no demasiado caluroso. Hay 25 aceites esenciales diferentes a la venta y puede elegir entre ellos según la naturaleza de la dolencia.

● *¿Qué se puede hacer?* Para el dolor de cabeza se recomiendan las esencias de manzanilla, mejorana, menta, rosa y romero. No obstante, conviene que se informe también sobre los efectos de los demás aceites (véase Libros útiles, página 96).

Otra técnica consiste en la respiración de los vapores de los aceites. Cuando el dolor de cabeza y la migraña son consecuencia de situaciones tensas conviene aplicar este método. Para ello, elija el aceite más indicado para su problema y viértalo en la lámpara de vapores. Inspire lentamente su aroma y practique adicionalmente ejercicios de relajación (véase Yoga, página 64). Además, puede aplicar los aceites sobre las partes del organismo doloridas.

Pero también puede tomar un baño de aceites esenciales. Para ello hay que utilizar pequeñas cantidades: Una gota del aceite mezclada con una a dos cucharadas del aceite vegetal que más le guste; de esta preparación se ponen diez gotas en una bañera. Si la concentración fuera superior podrían irritarse las mucosas.

Terapia por el color

Los colores son una constante influencia en nuestra vida, aunque a menudo no nos fijamos en ellos. Es un acto más bien inconsciente cuando en nuestros sueños vacacionales deseamos encontrarnos nieve blanca para esquiar, cielos azules con un sol amarillo para bañarnos en la playa y prados verdes llenos de flores para pasear. Algunos colores tienen efectos reconfortantes sobre el alma, mientras que otros pueden llegar a tener efectos contrarios. El rojo intenso como el del fuego lo asociamos a menudo con tensiones y miedos, y el cielo gris y oscuro antes de una tormenta, con un peligro indeterminado que nos espera de forma inminente.

De esta manera llegamos a relacionar los colores con determinados estados anímicos y los interpretamos de una forma dada. El color que viste una persona, por ejemplo, nos proporciona indicios sobre su carácter o su estado anímico, mientras a él le sirve para expresar su tendencia mental. Los colores oscuros son señal de pesadumbre, mientras que los colores claros lo son de la alegría. Pero los colores también tienen un significado especial en homeopatía. Al tipo constitucional fósforo, por ejemplo, le gusta vestirse de rojo, mientras que el tipo constitucional sepia prefiere el negro y el lila.

Desde el punto de vista científico, los colores se diferencian por su equilibrio energético y el número de oscilaciones que se producen cada segundo. En cuanto a la energía, cada color tiene un efecto diferente sobre las personas. La medicina naturista utiliza estas diferencias para varias terapias gracias a las cuales la persona puede iniciar un autotratamiento, relajarse o entrar en un estado de ánimo determinado.

El conocimiento de las relaciones entre los colores y sus características y los chakras es muy importante para la terapia de colores, pues gracias a la utilización de luces de colores se pueden aliviar muchos dolores psicosomáticos.

Con el tiempo, este método ha sido aceptado como terapia y se aplica también en acupuntura: sobre los puntos de acupuntura se proyectan los diversos colores que inciden en el vasto sistema de energías que componen el organismo.

● *¿Qué se puede hacer?* En los casos de migraña más agudos, conviene acudir a un terapeuta experto en terapia de colores. Sin embargo, por lo general se puede utilizar la terapia de colores sin indicación médica. Para ello, conviene que se informe sobre los efectos de los diferentes colores (véanse las explicaciones más adelante). Cuando haya descubierto el color más indicado, tiene que comprar vidrios u hojas transparentes de este color para colocarlos ante la bombilla de la lámpara de su escritorio (no más de 60 watios). Irradie el chakra correspondiente con la luz durante unos veinte minutos y repita este tratamiento cada día, durante una semana y media, aproximadamente. Si, transcurrido este plazo, viera que no se ha producido efecto alguno, tienen que verificar si el color elegido es realmente el adecuado.

La **luz roja** estimula el metabolismo, de forma que se acelera la eliminación de toxinas. Este color permite aumentar el rendimiento, la líbido y la sexualidad y eliminar bloqueos y acumulaciones. Este efecto de la luz roja se aprovecha para diversas dolencias. Se puede tratar tanto una congestión nasal como un estreñimiento. En el caso de dolor de cabeza con tensiones en la espalda, la luz se aplica a esta parte del cuerpo.

La **luz azul** permite eliminar tensiones de origen nervioso y reducir la presión sanguínea. El azul tiene efectos relajantes en caso de insomnio, dolor de cabeza de origen nervioso y ayuda a combatir las adicciones (alcohol, droga y tabaco). Este color es bueno para las personas que sudan constantemente y que están siempre acaloradas.

Con la **luz amarilla** se pueden apoyar de forma terapéutica los procesos de desintoxicación hepáticos, aumentar la presión sanguínea y activar todas las funciones físicas debilitadas. El amarillo es bueno para el dolor de cabeza cuando la persona está cansada y sin energías.

La **luz verde** elimina bloqueos y congestiones como la de la bilis, que puede causar dolor de cabeza de origen biliar. El verde armoniza las alteraciones del estado de ánimo de las personas descontentas e impacientes. La aplicación de luz verde es buena para los estados de irritación y el dolor de cabeza.

La **luz naranja** se utiliza terapéuticamente para activar las funciones digestivas y ayuda a combatir el dolor de cabeza de origen gástrico o tóxico. Este color también se utiliza cuando el dolor de cabeza va acompañado de falta de valor, desesperación y depresiones.

La **luz violeta** se utiliza para conseguir una relajación interna. Es de ayuda cuando los dos hemisferios cerebrales no conectan simultáneamente o cuando se aspira a una curación psíquica. El violeta es bueno para el dolor de cabeza causado por un exceso de trabajo de uno de los hemisferios cerebrales, debido, a su vez, a un trastorno de la lateralidad (véase página 63).

Las piedras preciosas

Las piedras preciosas no son solamente bonitas: también pueden tener efectos curativos. Esta idea, que más de uno calificará de fantasía, tiene un fundamento muy claro. Nadie dudará ya de que el cristal de cuarzo de los relojes controla las horas gracias a sus vibraciones. El efecto de las piedras preciosas sobre el ser humano es similar: en el cuerpo se va creando una resonancia de las vibraciones que influye positiva o negativamente en la salud de la persona. El efecto depende de la persona que lleva una de estas piedras. Como es posible que una piedra inadecuada debilite la salud de la persona y otras la mejoren, no puede decirse que la elección de la piedra preciosa sea cuestión de gustos. Los brillantes, por ejemplo, tienen una frecuencia muy alta, que acentúan las dolencias de la persona que tiene dolor de cabeza.

● *¿Qué se puede hacer?* Si sufriera a menudo dolor de cabeza y migraña, no debería llevar brillantes, y mucho menos aún cerca del meridiano del estómago y de las glándulas (véase página 10), ya que los brillantes debilitan la acción de las glándulas. Las piedras preciosas le permiten influir directamente en la energía de su organismo (véase Chakras, página 84).

Acupresura, la curación con los dedos

La acupresura puede compararse a una acupuntura sin agujas. Ambos métodos se basan en el mismo principio, que es, con sus siete mil años de historia, uno de los métodos curativos conocidos más antiguos.

La idea básica de la acupresura es que la energía del cuerpo circula por unas vías concretas. Estas vías energéticas, que se llaman meridianos, están en conexión con diferentes órganos. Sobre los meridianos se encuentran los puntos de acupuntura, es decir, puntos de 0,5 a 1 milímetro de diámetro en la piel que son muy sensibles al tacto cuando ha caído enfermo el órgano correspondiente.

Del mismo modo que duelen los puntos de acupuntura cuando está enfermo un órgano, éste se puede estimular desde el exterior actuando sobre uno de estos puntos de acupuntura. En la acupuntura tradicional, esto se consigue con una aguja, y en la acupresura, con una simple presión de las manos. La acupresura está al alcance de todo el mundo, pues basta con saber dónde se encuentran exactamente los puntos que permiten eliminar una enfermedad como puede ser el dolor de cabeza (véase Libros útiles, página 96).

Los puntos de acupuntura se encuentran sobre doce meridianos principales y dos meridianos secundarios. Sobre cada meridiano se encuentra un punto de estimulación que permite activar las funciones del órgano correspondiente. El punto de atenuación, en cambio, permite tranquilizar el órgano y reducir su actividad. Cuando aprieta estos dos puntos, que se encuentran en los extremos de los meridianos, conseguirá equilibrar estimulación y atenuación.

Buscar un punto determinado es fácil, porque el punto mismo se encarga de avisar de su existencia. Es más sensible que lo que le rodea, y por lo general se sabe exactamente cuándo se le ha estimulado. Cuanto más se practica la acupresura, más pronto se notan sus efectos. El punto estimulado se sensibiliza en poco tiempo y puede decirse que «despierta» a los estímulos curativos.

Al principio, no se obtendrán resultados espectaculares, pero al segundo intento ya se aprecia una mejoría, que aumentará hasta el punto de que baste estimular los puntos durante unos segundos.

La acupresura no es un método curativo para enfermedades graves y no puede sustituir los medicamentos o una operación. La acupresura no se debe utilizar en caso de enfermedades cardíacas o circulatorias graves, cuando se esté muy cansado o cuando el punto correspondiente está inflamado.

La acupresura es un método preventivo que sirve también para solucionar pequeños problemas, y se utiliza para apoyar el efecto de otras terapias.

● *¿Qué se puede hacer?* Para el dolor de cabeza existe un procedimiento muy sencillo: cuando se ata fuertemente un paño alrededor de la cabeza, éste estimula automáticamente una serie de puntos de acupresura y verá que el dolor queda aliviado. Pero algunos puntos de acupresura de la cabeza se encuentran en los pies, por tanto puede atarse un paño alrededor de los nudillos. Si el dolor se encuentra a la derecha, átese el paño en la izquierda y viceversa; de lo contrario, átese un paño a ambos lados.

Fitoterapia

Fitoterapia (tratamiento con plantas) es el nombre actual de un viejo método curativo: la curación mediante plantas e infusiones herbales. Para el tratamiento de los trastornos de la salud se ha convertido en un método imprescindible. Las plantas (y las infusiones preparadas en base a ellas) que tonifican los procesos de depuración y eliminación son las más indicadas para el dolor de cabeza y la migraña.

● *¿Qué se puede hacer?* Las infusiones recomendadas le ayudarán a eliminar todas las toxinas y restos metabólicos que se hayan podido acumular en el organismo y que a menudo se manifiestan como dolor de cabeza. Siga las instrucciones de las recetas y tenga en cuenta que las hierbas y las infusiones se pueden tomar de forma preventiva: no hace falta esperar que se manifieste la enfermedad.

En caso de dolor de cabeza

Infusión de ortigas: Sobre 1 cucharadita colmada de ortigas se vierte un cuarto de litro de agua y se deja reposar entre 2 y 5 minutos. Se toman a sorbos unos dos litros de infusión al día.

Infusión de milenrama (también llamada aquilea): Sobre 1 cucharadita colmada de milenrama se vierte un cuarto de litro de agua y se deja reposar entre 2 y 5 minutos. Se toma a sorbos un cuarto de litro de infusión al día.

Infusión de caléndula: Sobre 1 cucharadita colmada de flores se vierte un cuarto de litro de agua y se deja reposar entre 2 y 5 minutos, hasta que la infusión tenga un color ligeramente dorado. Se toma a sorbos medio litro de infusión al día.

Amargo sueco: Esta mezcla tradicional sistematizada por un médico sueco no debería faltar en ningún botiquín. La mezcla se puede comprar en las farmacias de los países nórdicos y germánicos. Para el dolor de cabeza fuerte se toma de dos a tres veces al día una cucharada de amargo sueco con una taza de las infusiones anteriores. Los efectos se acentúan cuando se ingiere media hora antes y después de comer.

Compresa con amargo sueco: Vierta unas gotas de amargo sueco sobre un pañuelo y colóquelo encima de la parte del cuerpo que duele. Conviene fijar la compresa con un paño de lino y dejarla actuar entre 2 y 4 horas.

Compresa de alcohol: Vierta un poco de alcohol (vodka, por ejemplo) sobre un pañuelo. El pañuelo debería estar mojado y fresco, pero evite que gotee. Colóquelo por la noche sobre el corazón y cúbralo con una toalla de rizo americano para conservar la calor.

En caso de migraña

Infusión de milenrama: Sobre 1 cucharadita colmada de milenrama se vierte un cuarto de litro de agua y se deja reposar entre 2 y 5 minutos. Se toma 1 taza muy caliente al día.

Infusión de caléndula (para ataques de migraña): Sobre 1 cucharadita colmada de flores se vierte un cuarto de litro de agua y se deja reposar medio minuto. Se toman a sorbos de 1 a 2 tazas muy calientes al día.

En caso de trastornos orgánicos

Vejiga: Se mezclan alpiste y tomillo a partes iguales; sobre 1 cucharadita colmada se vierte agua hirviendo. Se deja reposar entre 3 y 5 minutos y se bebe a sorbos.

Bilis: Amargo sueco o compresa de amargo sueco (véase página anterior).

Hígado: Se mezclan a partes iguales cardo mariano, diente de león (raíces y hojas) y celidonia. Se vierte un cuarto de litro de agua caliente sobre una cucharada de la mezcla y se deja reposar 10 minutos. Se bebe una taza por las mañanas, en ayunas, otra media hora antes de la comida y otra por las noches.

Riñones: Se vierte agua caliente sobre 1 cucharadita de raíz de berberis y se deja reposar entre 2 y 5 minutos. Al día se beben 3 tazas a sorbos. Infusión para tomar durante algunas semanas.

Para consultar

Bibliografía y discografía

Bibliografía

Benson, H: *La relajación.* Ed. Grijalbo, Barcelona.

Bueno, M: *Vivir en casa sana.* Ed. Martínez Roca, Barcelona.

De Smedt, M: *Cincuenta técnicas de meditación.* Ed. Visión, Barcelona.

Epstein, G: *Visualización curativa.* Ed. Robin Book, Barcelona.

Ferrándiz, V. L: *Hipnotismo, magnetismo, autosugestión.* Ed. Cedel, Barcelona.

Flacshmeier, H: *Autohipnosis.* Ed. Everest, León.

Gawain, S: *Visualización creativa.* Ed. Sirio, Málaga.

Hewitt, J: *Relajación.* Ed. Pirámide, Madrid.

Jäger, G: *La práctica de la relajación (entrenamiento autógeno).* Ed. Everest, León.

Kirsta, A: *Superar el estrés.* Ed. Integral-Oasis, Barcelona.

Lützner, H: *Rejuvenecer por el ayuno.* Ed. Integral-Oasis, Barcelona.

Monneret, S: *Saber relajarse.* Ed. Mensajero, Bilbao.

Vicente, P: *Manual de automasaje.* Ed. Integral-Oasis, Barcelona.

Viñas, F: *La respuesta está en los pies (reflejoterapia podal).* Ed. Integral-Oasis, Barcelona.

Viñas, F: *Hidroterapia.* Ed. Integral-Oasis, Barcelona

En la revista «Integral» han aparecido diversos artículos sobre las migrañas o sobre temas relacionados, entre los que recordamos los de los números: 35 (Yoga para nerviosos), 27 (Migrañas), 44 (Dolor de cabeza), 82 (Plantas para el dolor de cabeza).

Música para relajación

Existen diversas compañías dedicadas a producir música específica para relajación: Halpern Sounds (EE.UU.), Oreade (Holanda), New World

Productions (Gran Bretaña), entre otras. El distribuidor en España dispone de un amplio catálogo explicativo, así como de cassettes de muestra. Infinitum Música. Apdo. Correos 10.013, Barcelona 08080.

Direcciones útiles

Existen en España excelentes médicos y terapeutas para tratar las migrañas o dolores de cabeza especialmente rebeldes, exclusivamente con métodos y remedios naturales. En los «Teléfonos Verdes» (91) 447 77 77 o en las «Páginas Verdes» (Ed. Integral-Oasis, Barcelona) se puede contactar con relativa facilidad con alguno.

Incluimos la dirección de diversas entidades que pueden ampliar información o direcciones.

● Asociación de Profesionales de la Acupuntura Tradicional China. San Salvador, 67, 2.º 2.ª 08024 Barcelona.

● Asociación Científica de Médicos Acupuntores. Valencia, 342, 3.º 2.ª, (93) 459 15 86. 08009 Barcelona.

● Asociación Española de Médicos Naturistas. Apartado Correos 6164. Madrid 28080.

● Academia Médico-Homeopática de Barcelona. Aragón, 186, 2.º 1.ª 08011 Barcelona. (93) 323 48 36. (Disponen de información sobre las restantes Academias de Homeopatía).

● Gremio de Herbolarios de Catalunya. Rda. Universitat, 6, ent. 1.ª (93) 412 14 45 y 312 04 51.

● Instituto de Terapias Globales. Hurtado de Amézaga, 27, 7.º 48008 Bilbao. (94) 431 52 85.

● Integral Centre Mèdic i de Salut. Pça Urquinaona, 2, 3.º 2.ª 08010 Barcelona.

● Sumendi. Marzana, 16, 2.º dcha. 48003 Bilbao. (94) 416 89 95.

Otras direcciones útiles

● Geobiología. Mariano Bueno. Esteban Collantes, 137. 12580 Benicarló (Castellón). (964) 47 10 73.